TAGESSUPPE!

Diane Dittmer

TAGESSUPPE!

Heißes, Kaltes & Scharfes aus einem Topf

südwest

INHALTSVERZEICHNIS

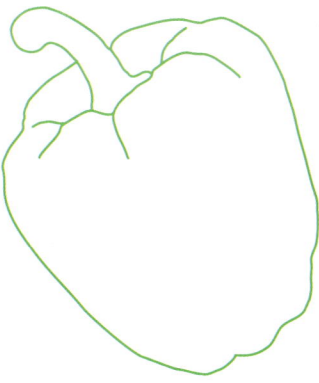

AUS EINEM TOPF

Suppen und Eintöpfe machen uns einfach glücklich. Sie geben uns das Gefühl von Wärme und Geborgenheit. Nach langen Herbst- oder Winterspaziergängen wärmt eine Suppe so herrlich unsere Seele. Im Frühjahr wird die Sehnsucht nach jungem Gemüse groß. Da kommt ein Garteneintopf mit viel Frischem und vielen Kräutern genau richtig daher. Und im Sommer, wenn wir uns nach Erfrischung sehnen, sind Kaltschalen und gekühlte Suppen der große Hit – ob pikant oder süß, ob für Picknicks oder für gesellige Runden auf Terrasse oder Balkon. Ob nun Freunde mit am Tisch sitzen oder sich die Familie versammelt – wenn der Topf oder die Terrine auf den Tisch gestellt wird, tiefe Teller, Schalen und Löffel bereitliegen, ja dann geht es los mit Suppenvergnügen. Da wird auch der letzte Rest in fröhlicher Runde ausgelöffelt.

VON EINFACH BIS RAFFINIERT

Suppen haben eine lange Tradition. Schon in der Steinzeit wurden breiartige Speisen zubereitet. Später gab es Tongefäße, in denen Wasser, Getreide und Gemüse über offenem Feuer gekocht wurden. Die Entwicklung nahm ihren Lauf, und es entstanden immer neue Kreationen. Die Suppen wurden mit Brot angereichert und es kam Fleisch dazu. So entstanden einfache sättigende Mahlzeiten. Suppen lassen sich sehr vielfältig zubereiten und sind in allen Kulturen wiederzufinden. Und das ist auch nicht verwunderlich: Die Zubereitung ist praktisch und nicht kompliziert, sie ist kaum zeitaufwendig, und man braucht nur wenig Kochgeschirr. Ob eine Hochzeitssuppe, die bei einem traditionellen Festmahl nicht fehlen darf, oder eine asiatische Nudelsuppe – der Kreativität sind keine Grenzen gesetzt.

ÄHNLICH UND DOCH UNTERSCHIEDLICH

Es gibt klare Suppen, Cremesuppen, Eintöpfe und Suppen, die kalt gegessen werden. Aber worin unterscheiden sie sich?

Für eine klare Suppe wird eine kräftige Brühe aus Rinderknochen und Rindersuppenfleisch (Rinderbrühe), aus Suppenhuhn (Hühnerbrühe) oder Gemüse (Gemüsebrühe) gekocht. Sie kann mit verschiedenen Einlagen wie zum Beispiel Flädle, Klößchen, Gemüse und Fleisch serviert werden. Auf jeden Fall bleibt sie eher »flüssig«, das heißt, der Anteil an festen Bestandteilen steht nicht im Vordergrund. Klare Suppen werden häufig als Vorspeise serviert.

Eine Cremesuppe kann aus stärkereichem Gemüse wie beispielsweise Kartoffeln, Möhren oder Erbsen hergestellt werden. Dafür wird das Gemüse weich gekocht, anschließend püriert und mit Sahne, Crème fraîche oder Sauerrahm verfeinert. Durch die Stärke hat sie automatisch eine Bindung. Wenn man stärkearmes Gemüse wie Spargel verwendet, erreicht man die gewünschte Dicke durch eine Mehlschwitze. Das Pürieren kann mithilfe eines Stabmixers oder eines Standmixers geschehen. Cremesuppen schmecken sowohl pur köstlich als auch als Auftakt eines ganzen Menüs. Und bei einem festlichen Beisammensein kann man sie auch gerne im großen Topf auf den Tisch stellen.

In einem Eintopf stecken deutlich mehr feste Bestandteile als Flüssigkeit. Bei ihrer Zubereitung werden häufig deftige Wurst- und Fleischeinlagen verwendet. Sie werden immer als sättigende Hauptmahlzeit serviert. Aber eins haben sie alle gemeinsam: Sie sorgen für die innere Wärme und schmecken nach mehr.

Kalte Suppen oder Kaltschalen sind an heißen Sommertagen nicht nur in südlichen Ländern, sondern auch zunehmend bei uns beliebt, denn sie sind herrlich erfrischend. Für würzig pikante Kaltschalen wird frisches Gemüse entweder roh mit Gewürzen, Kräutern und Säften püriert oder zunächst gut gewürzt mit Säften oder Fond gekocht und erst dann püriert, bevor es gekühlt wird. Für süße Kaltschalen wird gut gewürztes Obst je nach Rezept entweder frisch oder gekocht püriert und anschließend gekühlt. Oft dient etwas mit kaltem Wasser angerührte Speisestärke zum leichten Andicken der Zubereitungen.

DER RICHTIGE EINKAUF

Köstliches Essen fängt beim Einkauf an. Dabei stehen die Frische und Qualität der Lebens-
mittel im Vordergrund. Es empfiehlt sich, saisonale Produkte zu wählen – schließlich muss
nicht im Winter eine Suppe mit frischem Spargel gekocht werden. Bevorzugen Sie regionale
Produkte, möglichst in Bioqualität. Diese erhält man entweder auf Wochenmärkten, in Hof-
läden, beim Schlachter oder in gut sortierten Supermärkten. Gehen Sie mit offenen Augen
durch diese Läden, seien Sie experimentierfreudig und freuen sich auf neue Produkte. Achten
Sie auch beim Einkauf von Kräutern auf die optimale Frische, denn nur diese enthalten viele
Vitamine und Mineralstoffe sowie das volle Aroma. Sollten Sie nicht alle Kräuter bekommen
oder mögen, kann man Kräuter auch gegeneinander austauschen. Etwa Koriandergrün gegen
glatte Petersilie, Majoran gegen Thymian, Rosmarin gegen Salbei. Auf jeden Fall sollten Sie
nicht darauf verzichten, denn gerade frische Kräuter geben dem Essen die besondere Note.

AUF VORRAT KOCHEN, EINFRIEREN UND AUFTAUEN

Wer gerne heiße Suppen und Eintöpfe isst, sollte eine größere Menge an Brühe (siehe Grundrezepte Seite 14f.) kochen, um sie einfrieren zu können. So hat man immer schnell eine gute
Brühe zur Hand. Zum Einfrieren die Brühe nach dem Kochen gut auskühlen lassen und in
große Gefrierdosen oder Gefrierbeutel, die man zum Füllen in einen Messbecher stellt, einfül-
len. Sehr praktisch ist auch das Einfrieren in kleinen Gefrierdosen oder Eiswürfelbehältern. So
kann man auch schnell mal ein Gemüsegericht oder eine Sauce verfeinern. Sie können aber
nicht nur die fertigen Brühen einfrieren. Auch fertige Suppen sind dazu geeignet. Besonders
gut funktioniert es mit Cremesuppen, Fleisch- und Gemüsesuppen. Ungeeignet dagegen sind

Fischsuppen, da Fisch sehr empfindlich ist und leicht zerfällt. Übrigens, auch fertige Suppen müssen vor dem Frost gut auskühlen. Dafür die Suppen an einen kühlen Ort stellen, dabei aber niemals abdecken, da sie sonst »ersticken« und somit schlecht werden. Zum Auftauen nehmen Sie die Suppe am besten schon am Abend vorher aus dem Gefriergerät und lassen sie über Nacht in dem Gefäß auftauen. Dann braucht sie nur noch einmal richtig aufgekocht und abgeschmeckt zu werden.

KÜCHENGERÄTE, DIE NICHT FEHLEN DÜRFEN

Das Kochen von Suppen und Eintöpfen wird erleichtert, wenn die Küchenausstattung ein paar Hilfsmittel und Geräte bereithält. Die wichtigsten sind:

- **Küchenmesser** Hilfreich sind unterschiedlich große Messer. Sie benötigen auf jeden Fall ein großes scharfes Kochmesser zum Schneiden von Fleisch und Gemüse oder Hacken von Kräutern sowie zwei Küchenmesser mit unterschiedlich langen Klingen. Waschen Sie die Messer gleich nach dem Gebrauch mit der Hand ab, und geben Sie sie niemals in die Spülmaschine, denn dort werden die Klingen stumpf.

- **Mörser** Zum Zerstoßen von Gewürzen ist ein Mörser sehr hilfreich. Sollten Sie sich einen kaufen, wählen Sie möglichst einen aus Steingut mit großem Stößel. Damit werden auch harte Gewürze im Nu zerkleinert. Gerade das Zerstoßen von Gewürzen ist wichtig, damit sie ihr Aroma voll entfalten können.

- **Zerkleinerer** Dieses Gerät ist unerlässlich für die Zubereitung von Pesto sowie zum Hacken von Kräutern und Nüssen.

- **Töpfe in unterschiedlichen Größen** Für eine Cremesuppe brauchen Sie einen hohen Topf, damit beim Pürieren nichts herausspritzen kann. Für kräftige Eintöpfe nehmen Sie am besten einen großen, breiten Topf, damit richtig gerührt werden kann. Und für ein Wasserbad, etwa um Suppen kalt zu rühren, benötigen Sie zwei unterschiedlich große Töpfe, die Sie ineinander stellen – es sei denn, Sie besitzen schon einen der speziellen Wasserbadtöpfe, die es im Fachhandel zu kaufen gibt.

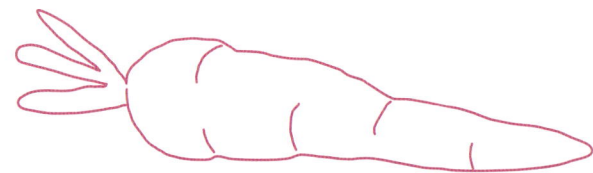

- **Stabmixer** Kaufen Sie ein Gerät mit hoher Leistungsstufe (600 Watt), damit das Pürieren gut gelingt. Achten Sie darauf, dass der Stabmixer aus Edelstahl und spülmaschinengeeignet ist. Kunststoffmixer können sich verfärben und sehen dann unansehnlich aus.

- **Pinsel** Küchenpinsel gibt es aus Silikon und Rosshaar. Es kann nicht schaden, wenn Sie zweierlei im Haus haben. Silikonpinsel sind hitzebeständig und super zum Bestreichen von Brotscheiben mit Öl geeignet. Die Rosshaarpinsel (auch als Backpinsel bekannt) eignen sich gut zum Säubern von Pilzen. Zum Einfetten dagegen kann man sie nicht unbedingt benutzen, da sie viel Öl aufnehmen.

GUTER VORRAT ERMÖGLICHT SPONTANES KOCHEN

Wenn Überraschungsbesuch vor der Tür steht oder sich spontan der Hunger nach einer Kleinigkeit einstellt, dann bietet sich eine schnelle Suppe an.

Mit diesen Zutaten in Vorratsschrank, Kühlschrank und Tiefkühlfach ist man dafür gut gewappnet:

- Brühe oder Fond
- Kokosmilch
- Bacon (Frühstücksspeck)
- Eier
- Sahne
- Schmand
- Fetakäse
- Kabanossi
- Kartoffeln
- Möhren
- Rote Linsen

- Rote Bete (gegart und vakuumverpackt)
- Weiße Bohnen aus der Dose
- Tiefgefrorenes Gemüse (z. B. Erbsen, Spinat, grüne Bohnen)
- Tomaten aus der Dose/ passierte Tomaten
- Zwiebeln
- Knoblauch

- Kräuter (frische, tiefgefrorene oder getrocknete)
- Gewürze
- Pesto
- Butter
- Olivenöl
- Mehl
- Vollkorn- oder Bauernbrot

KREATIVES KOCHEN

Aus den zuvor aufgeführten Zutaten können Sie innerhalb von kurzer Zeit folgende Suppen auf den Tisch bringen und sich der vollen Bewunderung Ihrer Gäste sicher sein:

- Flädlesuppe (siehe Seite 19).
- Spinatcremesuppe (siehe Seite 42); dabei tiefgekühlten Spinat verwenden.
- Erbsencremesüppchen (siehe Seite 35); dabei statt frischer Chilischote getrocknete Chiliflocken verwenden.
- Kartoffelcremesuppe (siehe Seite 97); statt Porree klein gewürfelte Möhren verwenden und die Garnelen durch geröstetes Landbrot ersetzen.
- Rotes Linsen Dal (siehe Seite 101); statt Koriandergrün Petersilie nehmen.

Aus dem Vorrat können auch »Free-style«-Kreationen gezaubert werden. Da sind der Kreativität keine Grenzen gesetzt. Holen Sie also den Suppentopf hervor und probieren Sie beispielsweise diese Kombinationen aus:

- Zweierlei Bohnensuppe (aus grünen und weißen Bohnen) mit Kabanossi
- Mediterrane Tomatensuppe mit Fetakäse und Pesto
- Kokos-Erbsen-Suppe
- Würzige Möhrensuppe mit Bacon und Kräutern
- Kartoffel-Curry-Suppe mit Schmand und Roter Bete

TOPPINGS – GARNIERUNGEN UND SUPPENEINLAGEN

Suppen und Eintöpfe lassen sich mit ein paar Raffinessen aufwerten. Denn gerade Toppings (Garnierungen im weitesten Sinne einschließlich Suppeneinlagen) bringen Abwechslung auf den Teller und sorgen für ein besonderes Geschmackserlebnis. Und das Beste: Die meisten sind ganz einfach und schnell gemacht. Wenn Sie eine der Suppen als Vorspeise für Ihre Gäste servieren möchten, können Sie sich auch mehrere Toppings aussuchen und in kleinen Schalen dazu servieren. So kann sich jeder seinen »Liebling« auswählen.

Croûtons

Die gerösteten Brotwürfel passen besonders gut zu Cremesuppen. Dazu eignen sich Weißbrot, Toastbrot, Landbrot oder Vollkornbrot. Dazu die Brotscheiben würfeln und in einer beschichteten Pfanne in heißem Öl unter Wenden von allen Seiten rösten. Sofort herausnehmen und auf einem Teller auskühlen lassen. Größere Mengen lassen sich gut im Backofen zubereiten. Dafür ganze Brotscheiben dünn mit Öl bepinseln, auf ein Backblech legen und im vorgeheizten Backofen bei 200 °C (Umluft 180 °C, Gas Stufe 3–4) goldbraun rösten. Zwischendurch wenden. Herausnehmen und würfeln.

Gebratene Apfelwürfel

Für eine fruchtige Note Äpfel schälen, vierteln, entkernen und in kleine Würfel schneiden. In einer beschichteten Pfanne in etwas Butter unter Wenden kurz braten. Nach Wunsch etwas gehackten Salbei mitbraten.

Geröstete Mandeln und Nüsse

Ob Kürbiskerne, Pinienkerne, Walnüsse, Haselnüsse oder Mandeln – alle Arten eignen sich zum Rösten. Dafür die Nüsse im Ganzen in einer beschichteten Pfanne ohne Fett unter Wenden rösten. Sie sind fertig, wenn sie goldbraun sind oder aromatisch duften. Dann schnell auf ein Brett geben und mit einem scharfen Messer hacken. Wichtig: Die Nüsse erst nach dem Rösten hacken, da gehackte Nüsse schneller verbrennen können.

Haselnusskrokant

Dies ist ein perfektes Topping für süße Suppen. Dafür gehackte Haselnüsse mit der gleichen Menge Haferflocken, etwas Öl und Honig in einer beschichteten Pfanne unter Wenden rösten. Auf ein Stück Backpapier geben und auskühlen lassen. Mit einer Palette vorsichtig vom Papier abheben und in Stücke brechen. Anstelle von Haselnüssen kann man auch Mandeln, Walnüsse oder Pinienkerne verwenden.

Karamellisierte Nüsse

Walnüsse, Haselnüsse, Cashewkerne oder Macadamianüsse eignen sich gut zum Karamellisieren. Dafür ein Backblech mit Backpapier auslegen. Eine beschichtete Pfanne ohne Fett erhitzen und die Nüsse im Ganzen darin rösten. Etwas Butter und Zucker zugeben und die Nüsse unter Wenden karamellisieren lassen. Sofort auf das Backpapier geben, etwas auseinanderstreichen und abkühlen lassen. Anschließend die Nüsse vom Papier lösen, auf ein Brett geben und mit einem Messer grob hacken.

Knuspriger Bacon

Besonders würzig werden Cremesuppen mit gebratenem Frühstücksspeck. Dafür nach Belieben Speckscheiben ganz lassen,

würfeln oder in Streifen schneiden und in einer beschichteten Pfanne ohne Fett knusprig braten. Herausnehmen und auf ein Stück Küchenpapier geben – so wird das überschüssige Fett aufgesogen. Für größere Mengen eignet sich die Zubereitung im Backofen. Dafür die Scheiben auf eine Fettfangschale oder auf Antihaft-Backpapier legen und im vorgeheizten Backofen bei 200 °C (Umluft 180 °C, Gas Stufe 3–4) knusprig braten. Zwischendurch wenden. Eine Alternative zu Bacon ist auch **Pancetta**. Bei dieser italienischen Spezialität handelt es sich um luftgetrockneten Bauchspeck, der je nach Region mit Kräutern und Salz gewürzt wird. Wer es lieber fettarm mag, kann anstelle von Bacon auch rohen Schinken (z. B. deutschen Katenschinken, spanischen Serrano- oder italienischen Parmaschinken) nehmen.

Kräuter-Joghurt
Für Erfrischung bei scharfen, würzigen Suppen sorgen Joghurt bzw. Schmand, saure Sahne oder Crème fraîche mit gehackten Kräutern wie Minze, Petersilie, Basilikum oder Koriandergrün.

Kräuteröl
Mit einem Kräuteröl lassen sich Suppen noch etwas aromatisieren. Dafür Kräuter mit Öl zusammen mixen. Für die Zubereitung nimmt man am besten ein feines, kalt gepresstes Olivenöl und Kräuter ganz nach Belieben. Dafür alles in einen hohen Rührbecher geben und mit einem Stabmixer fein pürieren. Wichtig: Nicht zu lange pürieren, sonst kann das Öl bitter schmecken.

Lachsstreifen
Cremesuppen lassen sich mit Fisch aufwerten. Sehr gut eignet sich dafür frisches Lachsfilet. Einfach in feine Streifen schneiden und mit etwas abgeriebener Biolimettenschale und Kräutern würzen. Kurz vor dem Servieren in die Suppe geben. Wenn kein richtig frisches Lachsfilet zu bekommen ist, kann alternativ auch Räucherlachs oder Graved Lachs verwendet werden.

Pesto
Diese italienische Spezialität gibt es in jedem Supermarkt fertig zu kaufen. Besser schmeckt es natürlich selbst gemacht. Dafür 1 bis 2 Bund Kräuter (100 Gramm, z. B. Basilikum, Petersilie, Kerbel oder Koriandergrün), 1 Knoblauchzehe, abgeriebene Schale von 1 Biozitrone, 40 Gramm geriebener Parmesan, 3 Esslöffel gehackte Pinienkerne und 100 bis 150 Milliliter Olivenöl in einen Mixer geben und fein pürieren. Mit Salz und Pfeffer abschmecken. Die Ölmenge richtet sich nach der Konsistenz des Pestos. Wer es lieber fest mag, nimmt weniger Öl.

GRUNDREZEPTE BRÜHEN

Eine gute Brühe ist die Basis einer guten Suppen- und Eintopfküche. Eine Brühe kann aber auch für eine leckere Sauce verwendet werden. Deshalb lohnt es sich auf jeden Fall, eine größere Menge zu kochen und portionsweise einzufrieren.

Fond oder Brühe – was ist der Unterschied?

Ein Fond ist eine stark eingekochte Brühe. Dafür lässt man die fertige Brühe bei starker Hitze noch einmal auf gut die Hälfte einkochen. Sie hat dann einen besonders kräftigen Geschmack. Ob man eine Brühe oder einen Fond verwendet, ist reine Geschmackssache. Fertige Fonds im Glas gibt es im Supermarkt zu kaufen.

Instant-Brühen – auf die man natürlich auch mal zurückgreifen kann, wenn es schnell gehen soll – wählt man am besten in Bioqualität. Auf jeden Fall empfiehlt es sich, den Eintopf oder die Suppe am Schluss mit reichlich frischen Kräutern zu würzen.

Grundrezept Gemüsebrühe

Zutaten für 1,5 l Brühe
2 Möhren
2 Stangen Porree
1 kleine Knolle Sellerie
1 Zucchini
1 Zwiebel
1 Knoblauchzehe
2 EL Öl
¼ l Weißwein
1 Zweig Rosmarin
1 Zweig Thymian
1 Lorbeerblatt
10 schwarze Pfefferkörner
10 Pimentkörner
5 Wacholderbeeren
Salz
**Zubereitungszeit: 30 Minuten
(plus 1 ½ Stunden Garzeit)**

1. Gemüse waschen, putzen und in Stücke schneiden. Zwiebel abziehen, halbieren und in dünne Scheiben schneiden. Knoblauch abziehen und in Würfel schneiden.
2. Öl in einem großen Topf erhitzen, das vorbereitete Gemüse dazugeben und unter Rühren andünsten. Mit Wein ablöschen. 2 Liter Wasser aufgießen. Kräuterzweige, Lorbeerblatt, Gewürzkörner und Salz dazugeben und aufkochen. Brühe bei schwacher Hitze etwa 1 Stunde leicht köcheln lassen.
3. Brühe durch ein feines Sieb gießen, Gemüse entfernen. Brühe auf 1 ½ Liter einkochen lassen.

Grundrezept Rinderbrühe

Zutaten für 1,5 l Brühe
1 kg Rinderknochen
600 g Suppenfleisch (z. B. Ochsenbein)
1 Bund Suppengemüse
1 Zwiebel
1 Lorbeerblatt
Salz
Zubereitungszeit: 20 Minuten
(plus 1 ½ Stunden Garzeit)

1.   Knochen waschen, trockentupfen und in einen Topf geben. Das Fleisch einlegen. Mit Wasser auffüllen, bis die Knochen leicht bedeckt sind, das sollten etwa 2 Liter sein.
2.   Suppengemüse waschen, putzen und in Stücke schneiden. Zwiebel abziehen und halbieren. Eine Pfanne ohne Fett erhitzen und die Zwiebelhälften mit den Schnittflächen nach unten darin rösten, bis sie schwarz sind.
3.   Suppengemüse, Zwiebelhälften, Lorbeerblatt und Salz in den Topf geben und alles aufkochen. Den aufsteigenden Schaum nicht abschöpfen. Brühe bei schwacher Hitze etwa 1 ½ Stunden leicht köcheln lassen. Der Schaum setzt sich nach unten ab.
4.   Fleisch herausnehmen und etwas abtropfen lassen. In kleine Stücke schneiden und als Suppeneinlage verwenden. Brühe durch ein Sieb gießen, Knochen und Gemüse entfernen. Brühe auskühlen lassen. Fett abheben und entfernen.

Grundrezept Hühnerbrühe

Zutaten für 1,5 l Brühe
1 küchenfertiges Suppenhuhn (ca. 1,5 kg)
1 Bund Suppengemüse
1 Zwiebel
2 Nelken
1 Lorbeerblatt
Salz
10 schwarze Pfefferkörner
Zubereitungszeit: 30 Minuten
(plus 1 ¾ Stunden Garzeit)

1.   Suppenhuhn innen und außen unter fließendem kaltem Wasser waschen und trockentupfen. In einen Topf geben. Suppengemüse waschen, putzen und in Stücke schneiden. Zwiebel abziehen, halbieren und in jede Hälfte eine Nelke hineinstecken.
2.   Suppengemüse, Zwiebelhälften, Lorbeerblatt, Pfefferkörner und Salz zu dem Suppenhuhn geben. Mit Wasser auffüllen, bis das Huhn bedeckt ist – das sollten etwa 2 Liter sein. Aufkochen und die Brühe bei schwacher Hitze etwa 1 ¾ Stunden leicht köcheln lassen.
3.   Huhn herausnehmen und etwas abkühlen lassen. Die Haut entfernen. Das Fleisch von den Knochen lösen und anderweitig verwenden (zum Beispiel für ein Frikassee oder als Suppeneinlage).
4.   Brühe durch ein feines Sieb gießen, Gemüse entfernen. Abkühlen lassen und eventuell entfetten.

KLARE SUPPEN
MIT EINLAGEN

HOCHZEITSSUPPE

1. Für den Eierstich Eier, Milch, Muskatnuss, Salz und Kräuter in einer Schüssel verschlagen. Eine flache, hitzebeständige Form leicht mit Butter auspinseln und die Eiermasse hineingießen. Mit Alufolie gut verschließen und in einem heißen Wasserbad 25 bis 30 Minuten stocken lassen. Dafür sollte die Form zu etwa zwei Drittel im Wasser stehen.

2. Für die Fleischklößchen Schalotte abziehen und fein würfeln. Butter in einer Pfanne erhitzen und die Schalottenwürfel darin andünsten. Abkühlen lassen. Hackfleisch, Eigelb, Paniermehl und Schalottenwürfel verkneten. Mit Salz und Pfeffer würzen. Mit angefeuchteten Händen etwa haselnussgroße Klößchen formen.

3. Leicht gesalzenes Wasser aufkochen und die Klößchen im siedenden Wasser etwa 5 Minuten garen, bis sie oben schwimmen. Mit einer Schaumkelle herausnehmen.

4. Möhren, Porree und Sellerie waschen, putzen und in sehr feine Streifen schneiden. Schnittlauch waschen, trockenschütteln und fein schneiden. Eierstich aus der Form stürzen und in kleine Würfel schneiden.

5. Brühe aufkochen. Gemüse hineingeben und etwa 3 Minuten köcheln lassen. Fleischklößchen und Eierstich dazugeben und miterhitzen. Mit Salz und Pfeffer kräftig abschmecken. Mit Schnittlauch bestreuen.

Zutaten für 4 Personen

2 Eier
125 ml Milch
Muskatnuss, frisch gerieben
Salz
3 EL gehackte Kräuter
(z. B. Petersilie, Kerbel,
Schnittlauch)
etwas Butter für die Form
1 Schalotte
1 TL Butter
250 g Rinderhackfleisch
1 Eigelb
1 EL Paniermehl
Salz
Pfeffer, frisch gemahlen
2 Möhren
1 Stange Porree
200 g Knollensellerie
1 Bund Schnittlauch
1,5 l Rinderbrühe (siehe
Grundrezept Seite 15)

Zubereitungszeit:
50 Minuten
(plus 45 Minuten Garzeit)

Das Bild zum Rezept befindet sich auf Seite 16.

FÜR GÄSTE Ideal als Vorspeise für eine große Runde, denn sie lässt sich gut vorbereiten. Die Fleischklößchen können schon Tage zuvor gegart und eingefroren werden. Selbst der Eierstich verträgt eine Zubereitung am Tag davor.

FLÄDLESUPPE

1. Für die Flädle Eier, Milch und Mehl in eine Schüssel geben und gut verrühren. Kräuter dazugeben und unterrühren. Mit Salz und Pfeffer kräftig würzen. Teig etwa 15 Minuten quellen lassen.

2. Hühnerbrühe aufkochen. Petersilie waschen, trockenschütteln und die Blättchen fein hacken. Zitrone heiß waschen, trockenreiben, die Schale fein abreiben und den Saft auspressen.

3. Aus dem Flädleteig nacheinander 4 dünne Pfannkuchen backen. Dafür die Butter portionsweise in einer beschichteten Pfanne erhitzen und jeweils eine kleine Kelle Teig hineingeben. Pfannkuchen 2 bis 3 Minuten backen. Wenden und von der anderen Seite 2 Minuten weiterbacken. Pfannkuchen herausnehmen.

4. Die Pfannkuchen einzeln aufrollen und in feine Scheiben (Flädle) schneiden. Flädle in die kochend heiße Brühe geben und kurz erhitzen. Mit Zitronenschale und -saft, Petersilie, Salz und Pfeffer abschmecken.

Das Bild zum Rezept befindet sich auf Seite 17.

Zutaten für 4 Personen

2 Eier
125 ml Milch
75 g Mehl
2 EL gehackter Kerbel
2 EL gehackter Schnittlauch
2 EL gehackter Estragon
Salz
Pfeffer, frisch gemahlen
1,5 l Hühnerbrühe (siehe Grundrezept Seite 15)
1 Bund Petersilie
½ Biozitrone
30 g Butter

Zubereitungszeit:
25 Minuten
(plus 15 Minuten Garzeit)

KLARE SEMMELKNÖDELSUPPE

1. Brötchen würfeln und in eine kleine Schüssel geben. Milch erhitzen, über die Brötchen gießen und diese etwa 20 Minuten einweichen.

2. Zwiebel abziehen und fein würfeln. Bacon ebenfalls fein würfeln. Eine beschichtete Pfanne ohne Fettzugabe erhitzen und den Bacon darin knusprig braten. Zwiebelwürfel dazugeben und kurz andünsten. Beides herausnehmen und auf Küchenpapier abtropfen lassen.

3. Petersilie waschen, trockenschütteln und die Blättchen fein hacken. Petersilie, Bacon-Zwiebel-Mischung und Eier zu den eingeweichten Brötchen geben. Mit Salz, Pfeffer und Muskatnuss würzen und alles gut verkneten.

4. Wasser mit etwas Salz aufkochen. Aus der Masse mit angefeuchteten Händen 4 Knödel formen, in das Salzwasser legen und in etwa 20 Minuten gar ziehen lassen, bis sie an die Oberfläche steigen.

5. Porree waschen, putzen und in feine Ringe schneiden. Rinderbrühe aufkochen, mit Salz und Pfeffer würzen. Porreeringe zufügen.

6. Schnittlauch waschen, trockenschütteln und fein schneiden. Die Knödel mit einer Schaumkelle aus dem Wasser heben und in der Brühe anrichten. Mit Schnittlauch bestreuen.

Zutaten für 4 Personen

4 Brötchen vom Vortag
200 ml Milch
1 Zwiebel
75 g Bacon
1 Bund Petersilie
2 Eier
Salz
Pfeffer, frisch gemahlen
Muskatnuss, frisch gerieben
1 kleine Stange Porree
1,5 l Rinderbrühe (siehe Grundrezept Seite 15)
1 Bund Schnittlauch

Zubereitungszeit:
1 Stunde
(plus 20 Minuten Garzeit)

TIPP Wer lieber kleine Knödel mag, formt aus der Masse 8 Stück. Damit verkürzt sich die Garzeit um knapp die Hälfte.

KLARE TOMATENSUPPE MIT ZIEGENKÄSECROSTINI

1. Etwas Wasser aufkochen. Stielansätze der Tomaten entfernen. Tomaten kurz in das kochende Wasser tauchen, herausnehmen, mit kaltem Wasser abschrecken, häuten und grob hacken. Suppengemüse waschen, putzen und klein schneiden. Zwiebel und Knoblauch abziehen und fein würfeln.

2. In einem Topf 3 Esslöffel Olivenöl erhitzen und darin Zwiebel und Knoblauch andünsten. Tomaten und Gemüse dazugeben. Mit Salz, Pfeffer und Chiliflocken würzen. Brühe zugießen und zugedeckt etwa 30 Minuten köcheln lassen. Tomatensuppe durch ein Sieb streichen. Grill im Backofen vorheizen.

3. Kirschtomaten mit kochendem Wasser überbrühen, häuten, halbieren und entkernen. Frühlingszwiebeln waschen, putzen und in feine Ringe schneiden. 1 Esslöffel Olivenöl erhitzen und die Frühlingszwiebelringe darin etwa 2 Minuten dünsten.

4. Für die Crostini Ciabatta toasten und auf ein Backblech legen. Käse in Scheiben schneiden und die Brotscheiben verteilen. Zitronenolivenöl darüberträufeln und mit Rosmarin bestreuen. Unter dem Grill 3 bis 4 Minuten gratinieren, bis der Käse leicht gebräunt ist.

5. Tomatensuppe erneut aufkochen. Mit Weißwein, Salz und Pfeffer abschmecken. Frühlingszwiebeln und Kirschtomaten in die Suppe geben und miterhitzen. Crostini dazu reichen.

ALTERNATIVE **Wer keinen Ziegenkäse mag, nimmt die gleiche Menge Mozzarella oder Bergkäse für das knusprige Brot.**

Zutaten für 4 Personen

1 kg Fleischtomaten (oder
1 große Dose Tomaten à
800 g Füllmenge)
1 Bund Suppengemüse
1 Zwiebel
1 Knoblauchzehe
4 EL Olivenöl
Salz, Pfeffer
Chiliflocken
½ l Gemüsebrühe (siehe
Grundrezept Seite 14) oder
Gemüsefond (Glas)
500 g rote und gelbe Kirschtomaten
1 Bund Frühlingszwiebeln
8 Scheiben Ciabatta
200 g Ziegenfrischkäserolle
1–2 EL Zitronenolivenöl
(oder Olivenöl)
2 EL gehackter Rosmarin
100 ml Weißwein

Zubereitungszeit:
75 Minuten
(plus 50 Minuten Garzeit)

KÄSE-GRIESSNOCKEN-SUPPE

1. Für die Grießklößchen Milch, Butter, Salz und Pfeffer aufkochen. Zur Seite ziehen, den Grieß unterrühren, zurück auf die Kochstelle stellen und den Grießbrei unter Rühren kurz erhitzen. Die Masse in eine Schüssel geben. Ei, Parmesan und 2 Esslöffel gehackten Thymian dazugeben und unterrühren.

2. Reichlich Wasser mit etwas Salz aufkochen. Aus der Grießmasse mithilfe von zwei Teelöffeln kleine Nocken abstechen und in das siedende Salzwasser geben und etwa 5 Minuten gar ziehen lassen. Mit einer Schaumkelle herausheben.

3. Möhren waschen, schälen und fein würfeln. Die Zitrone heiß waschen, trockenreiben und die Schale fein abreiben.

4. Gemüsebrühe aufkochen. Öl erhitzen und die Möhrenwürfel darin andünsten. Brühe zugießen und die Möhren etwa 3 Minuten bissfest kochen. Grießnocken hineingeben und miterhitzen. Suppe mit Salz, Pfeffer und Zitronenschale abschmecken. Mit dem restlichen Thymian bestreuen.

Zutaten für 4 Personen

125 ml Milch
10 g Butter
Salz
Pfeffer, frisch gemahlen
50 g Grieß
1 Ei
2 EL geriebener Parmesan
4 EL gehackter Thymian
400 g Möhren
1 Biozitrone
1,5 l Gemüsebrühe (siehe Grundrezept Seite 14)
2 EL Olivenöl

Zubereitungszeit:
50 Minuten
(plus 20 Minuten Garzeit)

ALTERNATIVE Anstelle der Möhren kann auch anderes Gemüse wie Zuckerschoten, Porree oder auch Spargel verwendet werden. Das Gemüse dazu in 1 Zentimeter schräge Streifen, bzw. Ringe oder Stücke schneiden. Auch tiefgekühlte Erbsen eignen sich. Die Garzeit verändert sich nicht.

MAULTASCHENSUPPE

1. Für den Teig Mehl, Eier, Eigelb, Öl und Salz in eine Schüssel geben und zu einem glatten Teig verkneten. Eventuell noch etwas Wasser unterkneten. Teig zu einer Kugel formen, in Folie wickeln und etwa 1 Stunde bei Zimmertemperatur ruhen lassen.

2. Für die Füllung Brötchen in lauwarmem Wasser etwa 15 Minuten einweichen. Schalotte abziehen und fein würfeln. Möhre waschen, putzen und sehr fein würfeln. Porree waschen, putzen und fein schneiden. Butter erhitzen und die Schalotte darin andünsten. Möhre und Porree dazugeben und unter Rühren 1 Minute dünsten. Herausnehmen und etwas abkühlen lassen.

3. Brötchen ausdrücken und mit Hackfleisch, Ei, Gemüse und Kräutern in eine Schüssel geben und verkneten. Salzen und pfeffern.

4. Teig vierteln und jeweils mithilfe einer Nudelmaschine zu dünnen Platten ausrollen. Eine Teigplatte auf eine bemehlte Arbeitsfläche legen und im Abstand von etwa 6 Zentimetern kleine Häufchen daraufsetzen. Drumherum mit verquirltem Eiweiß bepinseln. Andere Teigplatte darauflegen und um die Füllung herum festdrücken. Maultaschen ausschneiden. Mit dem restlichen Teig und Füllung genauso verfahren.

5. Brühe aufkochen und die Maultaschen darin bei schwacher Hitze etwa 15 Minuten gar ziehen lassen. Schnittlauch waschen, trockenschütteln und fein schneiden. Die Suppe mit den Schnittlauchröllchen bestreuen.

Zutaten für 4 Personen

300 g Mehl
2 Eier
2 Eigelb
1 EL Öl
Salz
1 Brötchen vom Vortag
1 Schalotte
1 Möhre
1 kleine Stange Porree
10 g Butter
500 g Kalbshackfleisch
1 Ei
1 EL gehackte Petersilie
1 EL gehackter Majoran
Salz
Pfeffer, frisch gemahlen
1 Eiweiß, verquirlt
1,5 l Rinderbrühe (siehe Grundrezept Seite 15)
1 Bund Schnittlauch

Zubereitungszeit:
1 Stunde
(plus 1 Stunde Ruhezeit und 15 Minuten Garzeit)

ALTERNATIVE Anstelle Kalbshackmasse rohes Kalbsbrät (von rohen Kalbsbratwürsten), Rinderhackfleisch oder gemischtes Hackfleisch verwenden.

PILZSUPPE MIT THYMIANCROÛTONS

1. Steinpilze in einer Schüssel mit 125 Milliliter heißem Wasser übergießen und etwa 15 Minuten einweichen.

2. Kräuterseitlinge mit einem Pinsel säubern und in grobe Stücke schneiden. Zwiebeln und Knoblauch abziehen. Zwiebeln in Ringe schneiden. Knoblauch hacken.

3. Brühe aufkochen. Eingeweichte Steinpilze in die Brühe geben und 15 Minuten darin köcheln lassen.

4. Öl in einer beschichteten Pfanne erhitzen und die Kräuterseitlinge darin 4 bis 5 Minuten kräftig anbraten. Zwiebeln und Knoblauch dazugeben und mitbraten. Mit Salz, Pfeffer und Rosmarin würzen.

5. Für die Thymiancroûtons Thymian waschen, trockenschütteln und die Blättchen hacken. Brotscheiben in Würfel schneiden. Butterschmalz in einer beschichteten Pfanne erhitzen und die Brotwürfel darin rösten. Thymian dazugeben und kurz mitbraten. Salzen.

6. Gebratene Pilze in die Suppe geben. Mit Wermut, Salz und Pfeffer abschmecken. Thymiancroûtons dazu reichen.

Zutaten für 4 Personen

20 g getrocknete Steinpilze
400 g kleine Kräuterseitlinge
2 rote Zwiebeln
1 Knoblauchzehe
1,5 l Gemüsebrühe (siehe Grundrezept Seite 14)
3 EL Olivenöl
Salz
Pfeffer, frisch gemahlen
gemahlener Rosmarin
1 Bund Thymian
4 Scheiben Bauernbrot
30 g Butterschmalz
5 EL trockener Wermut (z. B. Noilly Prat)

Zubereitungszeit:
45 Minuten
(plus 25 Minuten Garzeit)

ALTERNATIVE Wer keine Kräuterseitlinge bekommt, tauscht diese gegen andere Pilze wie Champignons oder Shiitakes aus. Besonders fein wird die Suppe, wenn frische Steinpilze verwendet werden.

GLASNUDELSUPPE MIT RINDERFILET

1. Rinderfilet in dünne Streifen schneiden und in eine Schüssel geben. Sojasauce und Sherry verrühren, darübergeben und das Fleisch 15 Minuten marinieren.

2. Glasnudeln nach Packungsanweisung einweichen und gar ziehen lassen. Abgießen, abtropfen lassen und mit einer Küchenschere in Stücke schneiden.

3. Möhren waschen, schälen und in feine Stifte schneiden. Pak choi waschen, putzen und die Blätter grob würfeln. Pilze säubern, putzen und in dünne Scheiben schneiden.

4. Cashewkerne in einer beschichteten Pfanne ohne Fettzugabe goldbraun rösten. Koriandergrün waschen, trockenschütteln und die Blättchen fein hacken. Cashewkerne und Koriandergrün miteinander vermischen.

5. Ingwer schälen und fein hacken. Chilischote waschen und mit den Kernen fein hacken. Öl erhitzen und Ingwer und Chili darin andünsten. Brühe zugießen und aufkochen. Pilze, Möhren, Pak choi und Rinderfilet dazugeben und 2 bis 3 Minuten köcheln lassen.

6. Glasnudeln dazugeben und untermischen. Abschmecken. Die Koriander-Cashewkerne-Mischung dazu reichen.

Zutaten für 4 Personen

300 g Rinderfilet
6 EL Sojasauce
2 EL Sherry
200 g Glasnudeln
200 g Möhren
1 Pak choi
100 g Shiitakes (Pilze)
50 g Cashewkerne
1 Bund Koriandergrün
20 g Ingwer
1 Chilischote
3 EL Öl
1,5 l Rinderbrühe (siehe Grundrezept Seite 15)
Salz

Zubereitungszeit:
40 Minuten

HÜHNERSUPPE MIT GREMOLATA

1. Hähnchenbrustfilet waschen, trockentupfen und in Würfel schneiden. Mit Salz und Pfeffer würzen.

2. Möhren, Porree und Staudensellerie waschen, putzen und in Scheiben schneiden. Zwiebel abziehen und würfeln. Öl erhitzen und die Zwiebelwürfel darin andünsten. Gemüse dazugeben und unter Rühren andünsten. Mit Salz und Pfeffer würzen.

3. Brühe zugießen, Hähnchenfleisch zufügen und aufkochen. Alles etwa 15 Minuten köcheln lassen.

4. Für die Gremolata Zitrone heiß waschen, trockenreiben, die Schale fein abreiben und den Saft auspressen. Petersilie waschen, trockenschütteln und die Blättchen fein hacken. Knoblauch abziehen und sehr fein hacken oder durch eine Knoblauchpresse drücken. Zitronenschale, Petersilie, Knoblauch und Pinienkerne mischen.

5. Hühnersuppe mit Zitronensaft abschmecken. Die Gremolata zur Suppe reichen.

Zutaten für 4 Personen

500 g Hähnchenbrustfilet
Salz
Pfeffer, frisch gemahlen
300 g Möhren
2 Stangen Porree
300 g Staudensellerie
1 Zwiebel
3 EL Öl
1,5 l Hühnerbrühe (siehe Grundrezept Seite 15)
1 Biozitrone
1 Bund Petersilie
2 Knoblauchzehen
2 EL gehackte Pinienkerne

Zubereitungszeit:
45 Minuten

ZUSÄTZLICH Zu der Hühnersuppe kann man noch gekochten Reis, Nudeln oder Bulgur reichen. Das macht sie noch gehaltvoller.

FRÜHLINGSSUPPE MIT MÖHREN-GRIESS-KLÖSSCHEN

1. Für die Klößchen Möhren waschen, schälen und in Scheiben schneiden. In einen Topf mit 50 Milliliter Wasser geben, salzen und zugedeckt 10 Minuten garen. Möhren abtropfen lassen, fein pürieren und zurück in den Topf geben. Milch zufügen. Mit Salz und Muskatnuss würzen. Aufkochen. Grieß einrühren und 1 bis 2 Minuten köcheln lassen. Pecorino unterrühren. Abkühlen lassen. Aus der Masse mit feuchten Händen Klößchen formen.

2. Für das Kerbelpesto Pinienkerne in einer beschichteten Pfanne ohne Fettzugabe rösten. Herausnehmen und etwas abkühlen lassen. Kerbel waschen, trockenschütteln und die Blättchen abzupfen. Knoblauch abziehen und grob hacken. Diese drei Zutaten mit Parmesan, Salz, Pfeffer und Öl in einem Blitzhacker fein pürieren.

3. Kohlrabis waschen, putzen und in Würfel schneiden. Zwiebel abziehen und klein würfeln. Butter erhitzen und die Zwiebel darin andünsten. Kohlrabis zufügen, andünsten und mit Brühe ablöschen. Aufkochen und etwa 10 Minuten köcheln lassen. 5 Minuten vor Ende der Garzeit die Erbsen zufügen.

4. Wasser mit etwas Salz aufkochen und die Klößchen darin bei schwacher Hitze 5 Minuten gar ziehen lassen, bis sie oben schwimmen. Spinat verlesen, waschen und abtropfen lassen.

5. Spinat in die Suppe geben und kurz erhitzen. Die Klößchen aus dem Wasser heben und in die Suppe geben. Mit Salz und Pfeffer würzen. Kerbelpesto dazu reichen.

Zutaten für 4 Personen

200 g Möhren
Salz
150 ml Milch
Muskatnuss, frisch gerieben
100 g Grieß
75 g geriebener Pecorino
30 g Pinienkerne
2 Bund Kerbel
1 Knoblauchzehe
30 g geriebener Parmesan
Salz
Pfeffer, frisch gemahlen
6–8 EL Olivenöl
2 Kohlrabis
1 Zwiebel
30 g Butter
1,5 l Hühnerbrühe (siehe Grundrezept Seite 15)
150 g tiefgekühlte Erbsen
200 g Babyblattspinat

Zubereitungszeit:
1 Stunde
(plus 20 Minuten Garzeit)

CREMESUPPEN

ROTE-BETE-SÜPPCHEN MIT WASABISCHAUM

1. Rote Bete waschen, schälen und in 1 Zentimeter feine Würfel schneiden. Kartoffeln waschen, schälen und grob würfeln. Schalotte abziehen und fein würfeln.

2. Butter erhitzen und die Schalotte darin andünsten. Kartoffeln und Rote Bete dazugeben und andünsten. Mit Zimt, Salz und Pfeffer würzen. Brühe und Birnensaft zugießen und etwa 20 Minuten köcheln lassen.

3. Für die Crostini den Backofen auf 200 °C (180 °C Umluft, Gas Stufe 3–4) vorheizen. Ciabatta rösten, auf ein Backblech legen und mit Öl beträufeln. Käse in Scheiben schneiden und auf das Brot legen. Thymian waschen, trockenschütteln und die Blättchen darauf verteilen. Im heißen Backofen etwa 5 Minuten überbacken.

4. Suppe mit einem Stabmixer fein pürieren. Abschmecken. Kokosmilch erhitzen, Wasabi zufügen und mit einem Milchaufschäumer aufschlagen. Etwas Wasabischaum auf die Suppe geben und die Crostini dazu reichen.

Das Bild zum Rezept befindet sich auf Seite 32.

TIPP **Wer Wasabi noch nicht kennt, sollte damit vorsichtig umgehen. Dieser japanische Meerrettich ist sehr scharf, gibt dem Gericht aber einen tollen Geschmack.**

Zutaten für 4 Personen

500 g Rote Bete
500 g mehligkochende Kartoffeln
1 Schalotte
30 g Butter
1 gestrichener TL Zimtpulver
Salz
Pfeffer, frisch gemahlen
¾ l Gemüsebrühe (siehe Grundrezept Seite 14)
¼ l Birnensaft
8 Scheiben Ciabatta
1 EL Öl
200 g Ziegenkäserolle
2 Stiele Thymian
150 ml Kokosmilch
1 gestrichener TL Wasabi (japanischer grüner Meerrettich)

Zubereitungszeit:
30 Minuten

ERBSENCREMESÜPPCHEN MIT CHILICREME

1. Zuckerschoten waschen, putzen und in Stücke schneiden. Wasser mit etwas Salz aufkochen und die Zuckerschoten darin 1 bis 2 Minuten blanchieren. Herausnehmen und abtropfen lassen.

2. Schalotten abziehen und fein würfeln. Butter erhitzen und die Schalotten darin andünsten. Brühe zugießen und alles aufkochen. Erbsen zufügen und etwa 10 Minuten köcheln lassen.

3. Bacon in feine Streifen schneiden und in einer beschichteten Pfanne ohne Fettzugabe knusprig braten. Herausnehmen und auf Küchenpapier abtropfen lassen.

4. Für die Chilicreme Chilischote waschen und mit den Kernen fein hacken. Limette heiß waschen, trockenreiben und die Schale fein abreiben. Crème fraîche, Chili und Limettenschale verrühren.

5. Suppe mit einem Stabmixer fein pürieren. Mit Salz und Pfeffer würzen. Zuckerschoten und Bacon untermischen und kurz erhitzen. Suppe mit Kürbiskernöl beträufeln und die Chilicreme dazu servieren.

Das Bild zum Rezept befindet sich auf Seite 33.

TIPP Die Suppe wird noch sämiger, wenn man eine große mehligkochende Kartoffel mitkocht. Dafür die Kartoffel waschen, schälen, raspeln und zusammen mit den Erbsen in der Brühe garen.

Zutaten für 4 Personen

200 g Zuckerschoten
Salz
2 Schalotten
20 g Butter
1 l Gemüsebrühe (siehe Grundrezept Seite 14)
600 g tiefgekühlte Erbsen
150 g Bacon
1 Chilischote
1 Biolimette
150 g Crème fraîche
Pfeffer, frisch gemahlen
1–2 EL Kürbiskernöl

Zubereitungszeit:
30 Minuten

CHICORÉECREMESUPPE MIT STREMELLACHS

1. Mandelblättchen in einer beschichteten Pfanne ohne Fettzugabe goldbraun rösten. Herausnehmen und auf einem Teller abkühlen lassen.

2. Gemüsezwiebel abziehen und in feine Würfel schneiden. Chicorée waschen, halbieren und den bitteren Strunk herausschneiden. Chicorée in Streifen schneiden.

3. Butter erhitzen und die Zwiebelwürfel darin andünsten. Chicorée dazugeben und mitdünsten. Mit Salz und Pfeffer würzen. Gemüsebrühe und Cidre zugießen und 15 Minuten köcheln lassen.

4. Zitrone heiß waschen, trockenreiben, die Schale dünn abreiben und den Saft auspressen. Estragon waschen, trockenschütteln, Blättchen abzupfen und hacken. Stremellachs in sehr feine Scheiben schneiden.

5. Sahne zur Suppe geben und aufkochen. Suppe mit einem Stabmixer fein pürieren. Mit Zitronensaft, Zitronenschale, Salz und Pfeffer würzen. Estragon unterrühren. Stremellachs dazugeben und die gerösteten Mandeln darüber streuen.

Zutaten für 4 Personen

50 g Mandelblättchen
1 Gemüsezwiebel
4 Stauden Chicorée
(ca. 750 g)
30 g Butter
Salz
Pfeffer, frisch gemahlen
1 l Gemüsebrühe (siehe
Grundrezept Seite 14)
175 ml Cidre
1 Biozitrone
1 Bund Estragon
250 g Stremellachs (heiß
geräucherter Lachs)
200 g Schlagsahne

Zubereitungszeit:
45 Minuten

ALTERNATIVE Anstelle von Stremellachs schmeckt auch frisches, in feine Würfel geschnittenes Lachsfilet. Dies einfach zum Schluss dazugeben und die Suppe einmal kurz aufkochen.

GELBE PAPRIKARAHMSUPPE MIT SAFRAN

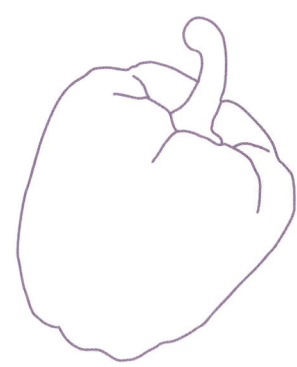

1. Den Backofen auf 220 °C (Umluft 200 °C, Gas Stufe 4–5) vorheizen. Paprikaschoten halbieren, Stielansätze und Trennwände einschließlich der Kerne herausschneiden. Paprikaschoten waschen und mit der Haut nach oben auf ein Backblech legen. Im heißen Backofen etwa 15 Minuten rösten, bis die Haut schwarz wird und Blasen wirft.

2. Geröstete Paprikaschoten herausnehmen, mit einem feuchten Tuch abdecken und abkühlen lassen. Die Haut von den Paprikaschoten mit einem Messer abziehen. Paprika in Stücke schneiden.

3. Zwiebeln abziehen und fein würfeln. Butter erhitzen und die Zwiebelwürfel darin andünsten. Paprika dazugeben und andünsten. Fond oder Brühe und Wermut zugießen. Safran unterrühren und etwa 15 Minuten köcheln lassen.

4. Pinienkerne in einer beschichteten Pfanne ohne Fettzugabe goldgelb rösten. Herausnehmen und auf einem Teller abkühlen lassen. Basilikum waschen, trockenschütteln und die Blättchen fein hacken.

5. Crème fraîche zur Suppe geben und mit einem Stabmixer fein pürieren. Mit Salz und Pfeffer würzen. Mit Basilikum und Pinienkernen bestreuen.

ZUSÄTZLICH Sehr gut schmeckt die Suppe auch mit geräucherten Schinkenstreifen und Vollkornbrot-Croûtons.

Zutaten für 4 Personen

6 gelbe Paprikaschoten
2 Zwiebeln
30 g Butter
1 l Gemüsefond (Glas) oder Gemüsebrühe (siehe Grundrezept Seite 14)
100 ml trockener Wermut (z. B. Noilly Prat)
1 Briefchen Safran
50 g Pinienkerne
1 Bund Basilikum
150 g Crème fraîche
Salz
Pfeffer, frisch gemahlen

Zubereitungszeit:
75 Minuten

MÖHRENCREMESUPPE MIT HÄHNCHENSPIESSEN

1. Hähnchenbrustfilet waschen, trockentupfen und in feine Streifen schneiden. Pfeffern. Sojasauce darüber geben und etwa 30 Minuten durchziehen lassen.

2. Möhren waschen, schälen und in Scheiben schneiden. Schalotten abziehen und würfeln. Ingwer schälen und fein hacken. 2 Esslöffel Öl erhitzen und Schalotten und Ingwer darin andünsten. Möhren dazugeben und andünsten. Currypaste dazugeben und kurz anschwitzen. Kokosmilch, Brühe oder Fond und Kaffirlimettenblätter zufügen, aufkochen und etwa 20 Minuten köcheln lassen.

3. Basilikum waschen, trockentupfen und die Blättchen hacken. Erdnüsse hacken. Hähnchenfleisch darin wenden und wellenartig auf 8 Holzspieße stecken. Restliches Öl in einer beschichteten Pfanne erhitzen und die Hähnchenspieße darin 3 bis 4 Minuten rundherum braten.

4. Kaffirlimettenblätter aus der Suppe entfernen. Suppe mit einem Stabmixer fein pürieren. Salzen und pfeffern. Basilikum darüberstreuen. Suppe mit Hähnchenspießen anrichten.

Zutaten für 4 Personen

300 g Hähnchenbrustfilet
Pfeffer, frisch gemahlen
3 EL Sojasauce
750 g Möhren
2 Schalotten
30 g Ingwer
4 EL Öl
3 EL gelbe Currypaste
(Asialaden und Supermarkt)
1 Dose Kokosmilch (400 ml
Füllmenge)
½ l Gemüsebrühe (siehe
Grundrezept Seite 14) oder
Gemüsefond (Glas)
4 Kaffirlimettenblätter
(Asialaden)
1 Bund Thai-Basilikum
50 g geröstete Erdnüsse
Salz

Zubereitungszeit:
1 Stunde

ALTERNATIVE Anstelle des Hähnchenbrustfilets können auch rohe Garnelen ohne Schale verwendet werden. Diese wie im Rezept beschrieben marinieren, auf Spieße stecken und anschließend braten.

SÜSSKARTOFFELRAHMSUPPE MIT FISCHBÄLLCHEN

1. Süßkartoffeln waschen, schälen und in Würfel schneiden. Zwiebel abziehen und fein würfeln. Ingwer schälen und fein hacken. Chilischote waschen, putzen und mit den Kernen fein hacken. Zitronengras waschen, die harten äußeren Blätter entfernen und das zarte Innere längs aufschlitzen.

2. In einem Topf 2 Esslöffel Öl erhitzen und Zwiebel, Ingwer und Chili darin andünsten. Süßkartoffeln dazugeben und kurz mitschwitzen. 1 Stängel Zitronengras, Brühe oder Fond und Kokosmilch zufügen. Alles aufkochen, die Hitzezufuhr reduzieren und etwa 20 Minuten köcheln lassen.

3. Lachsfilet waschen, trockentupfen und würfeln. Garnelen waschen, trockentupfen und hacken. Koriandergrün waschen, trockenschütteln, die Blättchen abzupfen und hacken. Lachs, Garnelen und Koriandergrün in einen Zerkleinerer geben. Currypaste, Zitronensaft und Sojasauce zufügen und alles fein pürieren. Aus der Masse kleine Bällchen formen und auf die restlichen Zitronengrasstängel stecken.

4. Zitronengras aus der Suppe nehmen. Suppe mit einem Stabmixer fein pürieren. Mit Salz und Pfeffer würzen. Falls die Suppe zu dickflüssig ist, mit etwas Gemüsebrühe auffüllen.

5. Restliches Öl erhitzen und die Bällchen darin 3 bis 4 Minuten braten. Mit der Suppe anrichten.

Zutaten für 4 Personen

750 g Süßkartoffeln
1 Zwiebel
20 g Ingwer
1 Chilischote
5 Stängel Zitronengras
4 EL Öl
1 l Gemüsebrühe (siehe Grundrezept Seite 14) oder Gemüsefond (Glas)
100 ml Kokosmilch
200 g Lachsfilet
100 g Garnelen (gegart, ohne Schale)
½ Bund Koriandergrün
1 EL Currypaste
1 EL Zitronensaft
1 EL Sojasauce
Salz
Pfeffer, frisch gemahlen

Zubereitungszeit:
1 Stunde

NOCH SCHNELLER Den gewürfelten Lachs und die ganzen Garnelen 2 bis 3 Minuten einfach braten und mit Currypaste, Sojasauce und Zitronensaft würzen. Mit Koriandergrün bestreuen und zur Suppe servieren.

SPINATCREMESUPPE

1. Spinat verlesen, putzen und waschen. Tropfnass in einen großen Topf geben und bei mittlerer Hitze in sich zusammenfallen lassen. Herausnehmen und grob hacken.

2. Zwiebel abziehen und fein würfeln. Öl in dem Topf erhitzen und die Zwiebelwürfel darin andünsten. Spinat dazugeben und andünsten. Brühe zugießen und etwa 10 Minuten köcheln lassen.

3. Zitronenverbene waschen, trockenschütteln und die Blättchen fein hacken. Kürbiskerne in einer beschichteten Pfanne ohne Fettzugabe rösten, herausnehmen und abkühlen lassen. Feta in kleine Würfel schneiden.

4. Sahne in die Suppe rühren und aufkochen. Zitronenverbene unterrühren. Suppe mit einem Stabmixer fein pürieren. Mit Zitronensaft, Salz, Pfeffer und Meerrettich würzen. Feta und Kürbiskerne darüber streuen.

Zutaten für 4 Personen

1 kg frischer Blattspinat
1 Zwiebel
2 EL Öl
1 l Gemüsebrühe (siehe Grundrezept Seite 14)
1 Bund Zitronenverbene
50 g Kürbiskerne
100 g Feta
200 g Schlagsahne
1–2 EL Zitronensaft
Salz
Pfeffer, frisch gemahlen
3 EL geriebener Meerrettich (Glas)

Zubereitungszeit:
50 Minuten

ZUSÄTZLICH Als Beilage bietet sich frisches Baguette an.

ALTERNATIVE Anstelle von Meerrettich aus dem Glas kann man auch frischen Meerrettich nehmen. Dieser sollte dann aber so rasch wie möglich verbraucht werden, da das würzige Aroma schnell verfliegt.

SELLERIE-BIRNEN-CREMESUPPE

1. Sellerie waschen, putzen, schälen und fein würfeln. Birnen waschen, schälen, vierteln, entkernen und das Fruchtfleisch würfeln. Schalotten abziehen und würfeln. Wacholderbeeren in einem Mörser zerstoßen. Thymian waschen, trockenschütteln und die Blättchen von den Zweigen abzupfen.

2. Butter in einem Topf erhitzen und die Schalotten darin glasig dünsten. Sellerie und Birnen zufügen und kurz mitdünsten. Mit Wacholder, Thymian, Salz und Pfeffer würzen. Alles mit Brühe oder Fond ablöschen. Suppe aufkochen und bei schwacher Hitze zugedeckt 20 Minuten köcheln lassen.

3. 150 Gramm Sahne steif schlagen. Kerbel waschen, trockenschütteln, Blättchen von den Stielen zupfen und hacken. Kerbel mit dem Olivenöl fein pürieren. Mandelblättchen in einer beschichteten Pfanne ohne Fettzugabe unter Wenden goldbraun rösten.

4. Flüssige Sahne in die Suppe rühren und diese noch einmal aufkochen lassen. Die Suppe mit einem Stabmixer fein pürieren. Kräftig würzen. Geschlagene Sahne zufügen und vorsichtig unterrühren. Suppe mit dem Kerbelöl und den Mandelblättchen anrichten.

Zutaten für 4 Personen

500 g Knollensellerie
300 g reife Birnen
4 Schalotten
6 Wacholderbeeren
6 Stiele Thymian
40 g Butter
Salz, Pfeffer
1,2 l Gemüsebrühe (siehe Grundrezept Seite 14) oder Gemüsefond (Glas)
250 g Schlagsahne
1 Bund Kerbel
100 ml Olivenöl
60 g Mandelblättchen

Zubereitungszeit:
40 Minuten

ZUSÄTZLICH Dazu frisch geröstetes Ciabatta servieren.

MORCHELRAHMSUPPE MIT BLÄTTERTEIGSTANGEN

1. Morcheln in ½ Liter lauwarmem Wasser 2 Stunden einweichen. Für die Blätterteigstangen den Backofen auf 200 °C (180 °C Umluft, Gas Stufe 3–4) vorheizen. Ein Backblech mit Backpapier auslegen. Blätterteig auftauen lassen.

2. Blätterteig auf einer bemehlten Arbeitsfläche dünn ausrollen, in Streifen schneiden und auf das mit Backpapier belegte Backblech legen. Eigelb verquirlen und den Blätterteig damit bepinseln. Mit Salz, rosa Pfeffer und/oder Thymian bestreuen. Im heißen Backofen 6 bis 8 Minuten goldbraun backen. Blätterteigstangen herausnehmen und auskühlen lassen.

3. Morcheln aus der Einweichflüssigkeit nehmen und gründlich waschen, um den Sand zu entfernen. Flüssigkeit durch eine Filtertüte gießen und auffangen.

4. Kartoffeln waschen, schälen und in Würfel schneiden. Schalotten abziehen und fein würfeln. Butter erhitzen und die Schalotten darin andünsten. Kartoffeln und Morcheln dazugeben und kurz mitdünsten. Mit Einweichflüssigkeit, Brühe und Wein ablöschen. Die Suppe etwa 20 Minuten köcheln lassen.

5. Sahne zugießen und aufkochen. Suppe mit einem Stabmixer fein pürieren. Estragon und Kerbel waschen, trockenschütteln und fein hacken. Suppe mit Salz und Pfeffer abschmecken. Kräuter unterrühren. Blätterteigstangen dazu reichen.

Zutaten für 4 Personen

30 g getrocknete Morcheln
2 Scheiben tiefgefrorener Blätterteig
1 Eigelb
nach Belieben grobes Meersalz, rosa Pfeffer, frische Thymianblättchen
500 g mehligkochende Kartoffeln
2 Schalotten
30 g Butter
½ l Gemüsebrühe (siehe Grundrezept Seite 14)
50 ml Weißwein
200 g Schlagsahne
1 Bund Estragon
1 Bund Kerbel
Salz
Pfeffer, frisch gemahlen

Zubereitungszeit:
1 Stunde (plus 2 Stunden Einweichzeit)

TIPP Blätterteigstangen passen auch sehr gut zu einem Glas Wein. Dann eventuell auch mit geriebenem Käse (z. B. Parmesan oder Bergkäse) bestreuen.

KOHLRABICREMESÜPPCHEN MIT HASELNUSSKROKANT

1. Kohlrabis waschen, putzen, schälen und in kleine Stücke schneiden. Schalotten abziehen und fein würfeln.

2. Butter erhitzen und die Schalottenwürfel darin andünsten. Kohlrabis dazugeben und andünsten. Mit Brühe ablöschen und etwa 20 Minuten köcheln lassen.

3. Zitrone heiß waschen, trockenreiben, die Schale dünn abreiben und den Saft auspressen. Brunnenkresse waschen, verlesen und die Blättchen von den Stängeln zupfen.

4. Für den Haselnusskrokant Haselnüsse in einer beschichteten Pfanne ohne Fettzugabe rösten. Herausnehmen und auf ein Stück Backpapier geben. Zucker in der Pfanne ohne Rühren karamellisieren, kurz abkühlen lassen und über den Haselnüssen verteilen. Abkühlen lassen.

5. Crème fraîche und die Hälfte der Brunnenkresse in die Suppe geben. Suppe mit einem Stabmixer fein pürieren. Mit Zitronenschale, Zitronensaft, Salz und Pfeffer würzen.

6. Die Suppe mit der restlichen Brunnenkresse und dem Haselnusskrokant anrichten.

TIPP Dazu schmecken zusätzlich frisch geröstete Landbrotwürfel sehr gut. Für die Zubereitung des Krokants eignen sich auch Mandeln oder Walnüsse.

Zutaten für 4 Personen

2 Kohlrabis (ca. 700 g)
2 Schalotten
30 g Butter
1 l Gemüsebrühe (siehe Grundrezept Seite 14)
1 Biozitrone
1 Bund Brunnenkresse
50 g gehobelte Haselnüsse
60 g Zucker
150 g Crème fraîche
Salz
Pfeffer, frisch gemahlen

Zubereitungszeit:
30 Minuten

EXOTISCHE TOMATENSUPPE MIT KORIANDERPESTO

1. Etwas Wasser aufkochen. Stielansätze der Tomaten entfernen. Tomaten kurz in das kochende Wasser tauchen. Mit einer Schaumkelle herausheben, mit kaltem Wasser abschrecken, häuten und grob hacken. Zwiebel abziehen und würfeln. Zitronengras waschen, die harten äußeren Blätter entfernen und das zarte Innere in feine Scheiben schneiden. Chilischote waschen und mit Kernen fein hacken.

2. 2 Esslöffel Olivenöl erhitzen und Zwiebel, Zitronengras und Chili darin glasig dünsten. Tomaten und Tomatenmark zufügen und mitdünsten. Brühe oder Fond und Kokosmilch zufügen. Mit Salz und Currypaste würzen. Kaffirlimettenblätter zufügen. Zugedeckt 15 Minuten köcheln lassen.

3. Für das Korianderpesto Limette heiß waschen, trockenreiben, die Schale dünn abreiben und den Saft von ½ Limette auspressen. Koriandergrün waschen, trockenschütteln, die Blättchen von den Stielen zupfen und grob hacken. Parmesan reiben. Koriandergrün, Pinienkerne, Parmesan, Limettenschale, 1 Teelöffel Limettensaft und Salz in einen hohen Mixbecher geben. Mit einem Stabmixer pürieren. 10 Esslöffel Olivenöl zufügen und verrühren.

4. Kaffirlimettenblätter aus der Suppe entfernen. Suppe mit einem Stabmixer fein pürieren und abschmecken. Mit dem Korianderpesto anrichten.

Zutaten für 4 Personen

1 kg reife Tomaten (ersatzweise 1 große Dose Tomaten)
1 kleine Gemüsezwiebel
3 Stängel Zitronengras
1 Chilischote
12 EL Olivenöl
3 EL Tomatenmark
200 ml Gemüsebrühe (siehe Grundrezept Seite 14) oder Gemüsefond (Glas)
1 Dose Kokosmilch (400 ml Füllmenge)
Salz
2 gehäufte TL rote Currypaste
4 Kaffirlimettenblätter
1 Biolimette
1 großes Bund Koriandergrün
30 g Parmesan
30 g Pinienkerne

Zubereitungszeit:
30 Minuten

ZUSÄTZLICH Dazu schmecken Croûtons. Hierfür 3 Scheiben Toastbrot entrinden und in kleine Würfel schneiden. 50 Gramm Butter in einer beschichteten Pfanne erhitzen und die Toastbrotwürfel darin unter Wenden goldbraun rösten.

KRÄUTER-CHAMPIGNON-SUPPE

1. Champignons putzen und in Scheiben schneiden. Schalotte abziehen und fein würfeln.

2. Butter erhitzen und die Schalottenwürfel darin andünsten. Pilze dazugeben und mitdünsten. Mit Salz und Pfeffer würzen. Mit Brühe oder Fond und Weißwein ablöschen und etwa 20 Minuten köcheln lassen.

3. Kräuter waschen und trockenschütteln. Schnittlauch in Röllchen schneiden. Die Blättchen von Kerbel, Estragon und Petersilie von den Stängeln zupfen. Einige Blättchen beiseite stellen, Rest hacken.

4. Schmand in die Suppe einrühren. Die Suppe nochmals erwärmen, nicht kochen. Suppe mit einem Stabmixer fein pürieren. Kräuter zufügen und nochmals pürieren. Abschmecken und mit restlichen Kräutern bestreuen.

Zutaten für 4 Personen

500 g Champignons
1 Schalotte
30 g Butter
Salz
Pfeffer, frisch gemahlen
1 l Gemüsebrühe (siehe
Grundrezept Seite 14) oder
Gemüsefond (Glas)
100 ml Weißwein
1 Bund Schnittlauch
1 Bund Kerbel
1 Bund Estragon
1 Bund Petersilie
200 g Schmand

Zubereitungszeit:
40 Minuten

ZUSÄTZLICH Etwas gehaltvoller wird die Kräuter-Champignon-Suppe mit Kartoffelwürfeln. Dafür 250 Gramm festkochende Kartoffeln waschen, schälen und in kleine Würfel schneiden. 2 Esslöffel Öl in einer beschichteten Pfanne erhitzen und die Kartoffelwürfel darin 5 bis 10 Minuten braten, bis sie knusprig und gar sind. Vor dem Servieren in die Suppe geben.

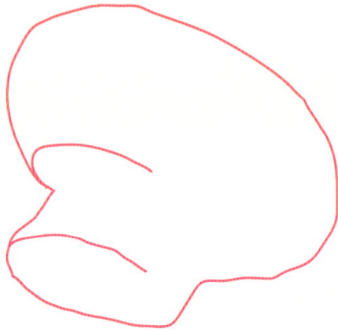

BLUMENKOHLCREMESUPPE MIT GARNELEN

1. Blumenkohl waschen, putzen und in Röschen teilen. Zwiebeln abziehen und fein würfeln.

2. Butter erhitzen und die Zwiebelwürfel darin andünsten. Currypulver zufügen und kurz anschwitzen. Blumenkohl und Chili dazugeben und kurz andünsten. Mit Brühe oder Fond ablöschen und etwa 20 Minuten köcheln lassen.

3. Sesam in einer beschichteten Pfanne ohne Fettzugabe goldbraun rösten. Herausnehmen und abkühlen lassen.

4. Garnelen am Rücken längs einschneiden und den schwarzen Faden (Darm) entfernen. Garnelen waschen und trockentupfen. Öl in der Pfanne erhitzen und die Garnelen darin etwa 4 Minuten braten, dabei zwischendurch wenden. Mit Salz und Pfeffer würzen.

5. Wermut und Sahne in die Suppe geben und aufkochen. Suppe mit einem Stabmixer fein pürieren. Abschmecken. Garnelen, Sesam und Shisokresse dazugeben.

Zutaten für 4 Personen

1 Blumenkohl (ca. 1 kg)
2 Zwiebeln
30 g Butter
1 EL Currypulver
Chiliflocken
1 l Gemüsebrühe (siehe Grundrezept Seite 14) oder Gemüsefond (Glas)
2 EL Sesamsamen
300 g Garnelen (roh, ohne Schale)
2 EL Olivenöl
Salz
Pfeffer, frisch gemahlen
5 EL trockener Wermut (z. B. Noilly Prat)
200 g Schlagsahne
rote Shisokresse (Asialaden)

Zubereitungszeit:
45 Minuten

TIPP Wer gerne eine stückige Suppe mag, nimmt nach 10 Minuten etwa ein Drittel des Blumenkohls aus der Brühe/dem Fond. Vor dem Servieren wieder dazugeben und kurz erwärmen.

MARONENCREMESUPPE MIT PANCETTA

1. Schalotten und Knoblauch abziehen und fein würfeln. Maronen klein schneiden.

2. Butter erhitzen und die Schalotten- und Knoblauchwürfel darin andünsten. Maronen dazugeben und andünsten. Rosmarin dazugeben. Mit Gemüsebrühe und Portwein ablöschen. Mit Salz und Pfeffer würzen. Etwa 20 Minuten köcheln lassen.

3. Speck in Streifen schneiden. Öl erhitzen und den Speck darin knusprig braten. Herausnehmen und auf Küchenpapier abtropfen lassen. Salbeiblättchen in dem Bratfett anbraten. Herausnehmen.

4. Rosmarinzweig aus der Suppe nehmen, die Sahne dazugießen und aufkochen. Suppe mit einem Stabmixer fein pürieren. Mit Salz und Pfeffer würzen. Speck und Salbei darüber streuen.

ALTERNATIVE Statt Pancetta kann man auch Bacon (Frühstücksspeck) verwenden. Und wer es lieber fettarm mag, kauft einfach mageren geräucherten Schinken und streut ihn über die Suppe.

Zutaten für 4 Personen

2 Schalotten
1 Knoblauchzehe
400 g Maronen (Esskastanien, vakuumverpackt)
30 g Butter
1 Zweig Rosmarin
Salz
Pfeffer, frisch gemahlen
1 l Gemüsebrühe (siehe Grundrezept Seite 14)
100 ml weißer Portwein
100 g Pancetta (luftgetrockneter Bauchspeck aus Italien), in dünnen Scheiben
2 EL Öl
12 Salbeiblättchen
200 g Schlagsahne

Zubereitungszeit:
35 Minuten

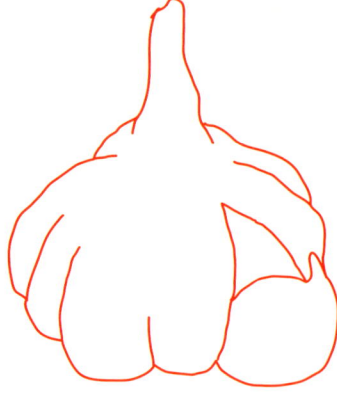

PASTINAKENCREMESUPPE MIT ENTENBRUST

1. Den Backofen auf 180 °C (Umluft 160 °C, Gas Stufe 2–3) vorheizen. Entenbrustfilet waschen und trockentupfen. Die Haut mehrmals einschneiden. Mit Salz und Pfeffer würzen.

2. Pastinaken waschen, putzen und in kleine Stücke schneiden. Schalotte abziehen und fein würfeln. Öl erhitzen und die Schalotten darin andünsten. Pastinaken dazugeben und andünsten. Mit Brühe oder Fond ablöschen und etwa 20 Minuten köcheln lassen.

3. Entenbrustfilet mit der Hautseite nach unten in einer beschichteten Pfanne ohne Fettzugabe etwa 4 Minuten anbraten. Wenden. Bei mittlerer Hitze weitere 4 Minuten braten. Entenbrustfilets mit der Haut nach oben auf ein Backblech legen und im Backofen 12 bis 15 Minuten fertig braten.

4. Koriander waschen, trockenschütteln und die Blätter hacken. Zitrone heiß waschen, abtrocknen und die Schale abreiben.

5. Sahne in die Suppe rühren. Suppe aufkochen und fein pürieren. Mit Salz, Pfeffer und Zitronenschale würzen.

6. Entenbrustfilets aus dem Backofen nehmen und kurz ruhen lassen. In dünne Scheiben schneiden und auf der Suppe anrichten. Mit Koriandergrün bestreuen.

Zutaten für 4 Personen

400 g Entenbrustfilet
Salz
Pfeffer, frisch gemahlen
1 kg Pastinaken
1 Schalotte
2 EL Öl
1,2 l Gemüsebrühe (siehe
Grundrezept Seite 14) oder
Gemüsefond (Glas)
1 Bund Koriandergrün
1 Biozitrone
200 g Schlagsahne

Zubereitungszeit:
35 Minuten

ALTERNATIVE Anstelle von Entenbrustfilet kann auch Rinderfilet oder Hähnchenbrustfilet verwendet werden. Dafür die Streifen in 2 bis 3 Esslöffel Olivenöl mit 2 bis 3 Teelöffel frischen Thymianblättchen portionsweise rundherum 2 bis 3 Minuten braten.

SPARGELCREMESUPPE MIT FISCHSPIESSEN

1. Weißen Spargel waschen, schälen und die holzigen Enden abschneiden. Spargel in Stücke schneiden. Frühlingszwiebeln waschen, putzen und in kleine Ringe schneiden.

2. Butter erhitzen und die Frühlingszwiebeln darin andünsten. Spargel dazugeben und mitdünsten. Mit Brühe oder Fond ablöschen. Mit Salz, Pfeffer und Zucker würzen. Etwa 20 Minuten köcheln lassen.

3. Wasser mit etwas Salz aufkochen. Grünen Spargel waschen, im unteren Drittel schälen und die Enden abschneiden. Spargel in etwa 2 Zentimeter große Stücke schneiden und in dem kochenden Salzwasser 3 bis 4 Minuten garen. Mit einer Schaumkelle herausheben.

4. Estragon waschen, trockenschütteln und die Blättchen fein hacken. Mandeln hacken.

5. Lachsforellenfilet waschen, trockentupfen und in mundgerechte Stücke schneiden. Auf 4 Spieße stecken. Mit Salz und Pfeffer würzen. Öl erhitzen und die Fischspieße darin etwa 3 Minuten braten.

6. Sahne und Wein in die Suppe gießen und aufkochen. Suppe mit einem Stabmixer fein pürieren. Grünen Spargel dazugeben und miterhitzen. Estragon untermischen. Abschmecken. Mit Fischspießen und gehackten Wasabimandeln anrichten.

Zutaten für 4 Personen

500 g weißer Spargel
1 Bund Frühlingszwiebeln
30 g Butter
1 l Gemüsebrühe (siehe Grundrezept Seite 14) oder Gemüsefond (Glas)
Salz
Pfeffer, frisch gemahlen
1 Prise Zucker
500 g grüner Spargel
1 Bund Estragon
50 g Wasabimandeln
300 g Lachsforellenfilet
2 EL Olivenöl
200 g Schlagsahne
100 ml Weißwein

Zubereitungszeit:
1 Stunde

EINTÖPFE

BOHNENEINTOPF MIT SALSICCIA

1. Kartoffeln waschen, schälen und würfeln. Frühlingszwiebeln waschen, putzen und in Ringe schneiden. Schneidebohnen waschen, putzen und in Stücke schneiden. Bohnenkraut waschen, trockenschütteln und die Blättchen von den Stängeln zupfen. Fenchelsamen in einem Mörser zerstoßen.

2. Zwiebel abziehen und würfeln. 2 Esslöffel Öl erhitzen und die Zwiebelwürfel darin andünsten. Kartoffeln zufügen und andünsten. Mit Salz und Pfeffer würzen. Brühe angießen und etwa 10 Minuten köcheln lassen. Bohnen, Fenchel und Bohnenkraut dazugeben. Weitere 12 Minuten köcheln.

3. Zitrone heiß waschen, trockenreiben und die Schale abreiben. Den Saft auspressen.

4. Restliches Öl in einer Pfanne erhitzen und die Würste darin von allen Seiten 6 bis 8 Minuten braten.

5. Weiße Bohnen auf ein Sieb geben, mit kaltem Wasser abspülen und abtropfen lassen. Bohnen und Zitronenschale in den Eintopf geben und etwa 5 Minuten darin erhitzen. Bratwürste aus der Pfanne nehmen, in Stücke schneiden und in den Eintopf geben. Mit Salz, Pfeffer und Zitronensaft abschmecken.

Das Bild zum Rezept befindet sich auf Seite 56.

Zutaten für 4 Personen

500 g vorwiegend festkochende Kartoffeln
1 Bund Frühlingszwiebeln
500 g Schneidebohnen
1 Bund Bohnenkraut
2 TL Fenchelsamen
1 Zwiebel
4 EL Olivenöl
Salz
Pfeffer, frisch gemahlen
1 l Rinder- oder Gemüsebrühe (siehe Grundrezepte Seite 14/15)
1 Biozitrone
4 Salsiccia (italienische Bratwürste)
1 große Dose weiße Bohnen (500 g Abtropfgewicht)

Zubereitungszeit:
50 Minuten

ALTERNATIVE Anstelle der Salsiccia-Würste können grobe Bratwürste verwendet werden. Besonders würzig schmeckt der Eintopf auch mit Kabanossi. Diese in Scheiben schneiden und direkt in die heiße Suppe geben.

ROTER LINSENEINTOPF MIT STREMELLACHS

1. Etwas Wasser aufkochen. Stielansätze der Tomaten entfernen. Tomaten kurz in das kochende Wasser tauchen, mit einer Schaumkelle herausnehmen, mit kaltem Wasser abschrecken, häuten, halbieren, entkernen und würfeln.

2. Möhren waschen, putzen, schälen und in Scheiben schneiden. Gemüsezwiebel und Knoblauch abziehen und fein würfeln. Ingwer schälen und ebenfalls fein würfeln. Chilischote waschen und mit den Kernen hacken.

3. Öl erhitzen und die Zwiebel- und Knoblauchwürfel sowie Ingwer und Chili darin andünsten. Möhren zufügen und 10 Minuten andünsten. Linsen, Piment, Kreuzkümmel, Brühe und Orangensaft dazugeben und 6 bis 7 Minuten köcheln lassen.

4. Frühlingszwiebeln waschen, putzen und in feine Ringe schneiden. Koriandergrün waschen, trockenschütteln und die Blättchen fein hacken.

5. Tomaten in den Eintopf geben und einmal aufkochen. Eintopf mit Salz und Pfeffer würzen. Frühlingszwiebeln und Koriandergrün untermischen. Stremellachs in Stücke schneiden und vor dem Servieren in den Eintopf geben.

Das Bild zum Rezept befindet sich auf Seite 57.

Zutaten für 4 Personen

300 g Tomaten
500 g Möhren
1 Gemüsezwiebel
1 Knoblauchzehe
30 g frischer Ingwer
1 Chilischote
3 EL Öl
250 g rote Linsen
1 TL Piment
1 TL Kreuzkümmel (Cumin)
1 l Gemüsebrühe (siehe Grundrezept Seite 14)
200 ml Orangensaft
1 Bund Frühlingszwiebeln
1 Bund Koriandergrün
Salz
Pfeffer, frisch gemahlen
400 g Stremellachs (heiß geräucherter Lachs)

Zubereitungszeit:
45 Minuten

TIPP   **Wer es nicht so scharf mag, entkernt die Chilischote.**

LAMMEINTOPF MIT APRIKOSEN

1. Lammkeule waschen und trockentupfen. Das Fleisch von dem Knochen lösen, von Fett und Sehnen befreien und in Würfel schneiden. Zwiebeln und Knoblauch abziehen und in feine Würfel schneiden. Chilischote waschen und mit den Kernen hacken. Ingwer schälen und fein hacken.

2. Öl erhitzen und Fleisch sowie Knochen darin portionsweise anbraten. Mit Salz und Pfeffer würzen. Herausnehmen und beiseite stellen. Zwiebel- und Knoblauchwürfel sowie Chili und Ingwer im Bratfett anbraten. Fleisch und Knochen wieder zufügen. Mit Wein und Lammfond oder Brühe ablöschen. Zimtstange und Kreuzkümmel zufügen. Zugedeckt etwa 75 Minuten schmoren lassen.

3. Porree und Sellerie putzen, waschen und in kleine Stücke schneiden. Thymian waschen, trockenschütteln und die Blättchen von den Stängeln zupfen. Aprikosen, Porree, Sellerie und Thymian zum Fleisch geben und weitere 10 Minuten garen. Kichererbsen auf ein Sieb geben, mit kaltem Wasser abspülen und abtropfen lassen. In den Eintopf geben und etwa 5 Minuten erwärmen.

4. Joghurt mit Minze, Salz und Pfeffer würzen.

5. Knochen und Zimtstange mit einer Schaumkelle herausnehmen und den Eintopf mit Salz und Pfeffer würzen. Joghurt dazu reichen.

Zutaten für 4 Personen

1 kg Lammkeule
2 Zwiebeln
2 Knoblauchzehen
1 Chilischote
30 g frischer Ingwer
3 EL Olivenöl
Salz
Pfeffer, frisch gemahlen
¼ l Weißwein
800 ml Lammfond (Glas)
oder Gemüsebrühe (siehe
Grundrezept Seite 14)
1 Zimtstange
1 TL Kreuzkümmel (Cumin)
1 Stange Porree
250 g Staudensellerie
1 Bund Thymian
150 g getrocknete Soft-
Aprikosen
1 große Dose Kichererbsen
(800 g Füllmenge)
300 g griechischer Joghurt
1 EL gehackte Minze

Zubereitungszeit:
40 Minuten (plus
1 ½ Stunden Garzeit)

GRÜNKOHLEINTOPF MIT MARONEN

1. Wasser mit etwas Salz zum Kochen bringen. Grünkohl verlesen, putzen, waschen und in dem Salzwasser blanchieren. Auf einem Sieb gut abtropfen lassen und grob hacken.

2. Schalotten abziehen und fein würfeln. Öl erhitzen und die Schalottenwürfel darin andünsten. Grünkohl dazugeben und andünsten. Mit Salz und Pfeffer würzen. Brühe und Wein zugießen, aufkochen und 30 Minuten köcheln lassen.

3. Möhren und Kartoffeln waschen, schälen und in gleich große Stücke schneiden. Beides zum Grünkohl geben und weitere 10 Minuten garen. Maronen und Chorizos dazugeben und weitere 10 Minuten garen. Mit Salz, Pfeffer und Zucker abschmecken.

ZUSÄTZLICH **Eine leicht fruchtige Note bekommt der Eintopf mit gebratenen Äpfeln. Dafür 2 Äpfel waschen, vierteln und das Kerngehäuse entfernen. Das Fruchtfleisch in dünne Spalten schneiden und in 30 Gramm Butter 2 bis 3 Minuten anbraten.**

Zutaten für 4 Personen

Salz
1 kg frischer Grünkohl
4 Schalotten
2 EL Öl
Pfeffer, frisch gemahlen
1 l Gemüsebrühe (siehe Grundrezept Seite 14)
125 ml Weißwein
250 g Möhren
400 g vorwiegend festkochende Kartoffeln
250 g Maronen (Vakuum verpackt)
4 Chorizos (ca. 300 g, Paprika-Knoblauch-Wurst aus Spanien)
1 Prise Zucker

Zubereitungszeit:
70 Minuten

MÖHRENEINTOPF MIT LAMM

1. Möhren und Kartoffeln waschen, schälen und in gleich große Stücke schneiden. Zwiebeln abziehen und in Würfel schneiden. Lammfleisch waschen, trockentupfen und würfeln.

2. Öl erhitzen und das Lammfleisch darin 4 Minuten anbraten. Mit Salz und Pfeffer würzen. Herausnehmen und beiseite stellen.

3. Zwiebelwürfel im Bratfett andünsten. Kartoffeln und Möhren dazugeben und andünsten. Piment, Salz, Pfeffer und Brühe dazugeben, aufkochen und etwa 20 Minuten köcheln lassen.

4. Granatapfel quer halbieren und die Kerne herauslösen. Dazu am besten Einmalhandschuhe anziehen, da die Frucht stark färbt. Die Granatapfelhälften über eine Schüssel halten und etwas zusammendrücken. Anschließend nacheinander die Schnittflächen auf eine Handinnenfläche setzen und die Schale rundherum mit einem Esslöffel kräftig klopfen – so lösen sich die Kerne ganz leicht aus den weißen Trennhäuten. Kerne beiseite stellen.

5. Koriandergrün waschen, trockenschütteln und die Blättchen fein hacken. Joghurt mit der Hälfte des Koriandergrüns verrühren und mit Salz und Pfeffer abschmecken.

6. Fleisch in den Eintopf geben und 3 bis 4 Minuten miterhitzen. Mit Salz und Cayennepfeffer würzen. Mit dem restlichen Koriandergrün und den Granatapfelkernen bestreuen. Joghurt dazu reichen.

ALTERNATIVE **Anstelle von Lammfleisch kann man den Eintopf auch mit Hähnchenbrustfilet zubereiten.**

Zutaten für 4 Personen

1 kg Möhren
500 g vorwiegend festkochende Kartoffeln
2 Zwiebeln
750 g Lammlachse
3 EL Olivenöl
Salz
Pfeffer, frisch gemahlen
1 TL Piment
1 l Gemüsebrühe (siehe Grundrezept Seite 14)
1 Granatapfel
1 Bund Koriandergrün
Cayennepfeffer
250 g Sahnejoghurt (natur)

Zubereitungszeit:
45 Minuten

STECKRÜBENEINTOPF MIT KASSLER

1. Kassler in Würfel schneiden. Steckrübe waschen, putzen, schälen und in Stifte schneiden. Zwiebel abziehen und in feine Würfel schneiden.

2. Öl erhitzen und die Zwiebelwürfel darin andünsten. Steckrübe dazugeben, andünsten, mit Salz und Pfeffer würzen. Kassler und Brühe dazugeben, aufkochen und etwa 20 Minuten köcheln lassen.

3. Für die Zitronengremolata Petersilie und Zitronenmelisse waschen, trockenschütteln, die Blättchen von den Stängeln zupfen und fein hacken. Knoblauch abziehen und hacken. Zitronen heiß waschen, trockenreiben und die Schale fein abreiben. Gehackte Kräuter, Knoblauch und Zitronenschale miteinander vermischen.

4. Majoran waschen, trockenschütteln und die Blättchen von den Stängeln zupfen. Porree waschen, putzen und in Ringe schneiden. Majoran und Porree in den Eintopf geben und weitere 10 Minuten garen.

5. Birnen waschen, schälen, vierteln, entkernen und würfeln. Birnen in den Eintopf geben und kurz erwärmen.

6. Den Eintopf abschmecken und die Zitronengremolata darüber streuen.

Zutaten für 4 Personen

750 g Kassler ohne Knochen
1 Steckrübe (ca. 1 kg)
1 Zwiebel
3 EL Olivenöl
Salz
Pfeffer, frisch gemahlen
1 l Gemüsebrühe (siehe Grundrezept Seite 14)
1 Bund Petersilie
3 Stängel Zitronenmelisse
1 Knoblauchzehe
2 Biozitronen
1 Bund Majoran
2 Stangen Porree
2 Birnen

Zubereitungszeit:
50 Minuten

FÜR GÄSTE Dieser raffiniert würzig-frische Eintopf schmeckt auch Gästen und lässt sich gut vorbereiten. Nur die Birnen erst kurz vor dem Servieren zufügen.

TOMATENEINTOPF MIT OCHSENBRUST

1. Ochsenbrust waschen, trockentupfen und mit Salz und Pfeffer würzen. Suppengemüse waschen, putzen und in Stücke schneiden. Zwiebel abziehen und würfeln.

2. Öl erhitzen und das Fleisch darin von allen Seiten kräftig anbraten. Suppengemüse dazugeben und kurz mitbraten. Mit 1 Liter Wasser ablöschen. Aufkochen. Rotwein zugießen. Pimentkörner in einem Mörser zerstoßen. Salz, Pfeffer, Piment und Zimt zufügen. Zugedeckt bei schwacher Hitze etwa 70 Minuten köcheln lassen.

3. Etwas Wasser aufkochen. Stielansätze der Tomaten entfernen. Tomaten kurz in das kochende Wasser tauchen, mit einer Schaumkelle herausnehmen, mit kaltem Wasser abschrecken und häuten, halbieren, entkernen und in grobe Würfel schneiden.

4. Paprikaschoten waschen, putzen und ebenfalls würfeln. Bohnen waschen, putzen und in Stücke schneiden.

5. Ochsenbrust herausnehmen, Brühe durch ein Sieb in einen zweiten Topf gießen und aufkochen. Fleisch in kleine Würfel schneiden. Bohnen in die Brühe geben und 10 bis 13 Minuten mitgaren. Fleisch und Tomaten zufügen und 3 bis 4 Minuten mitköcheln. Zum Schluss Oliven und Kapern untermischen. Mit Salz und Pfeffer abschmecken.

Zutaten für 4 Personen

750 g Ochsenbrust ohne Knochen
Salz
Pfeffer, frisch gemahlen
1 Bund Suppengemüse
1 Zwiebel
3 EL Öl
¼ l trockener Rotwein
6 Pimentkörner
1 TL Zimtpulver
1 kg Tomaten
2 Paprikaschoten
600 g grüne Bohnen
50 g schwarze, entsteinte Oliven
2–3 EL Kapern

Zubereitungszeit:
45 Minuten
(plus 2 Stunden Garzeit)

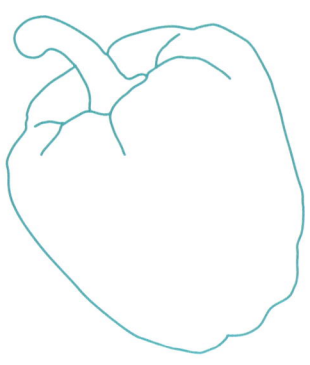

ALTERNATIVE Sollte keine Ochsenbrust zu bekommen sein, kann der Eintopf auch mit Rinderbeinscheiben zubereitet werden.

SAUERKRAUTEINTOPF MIT CHORIZO

1. Kartoffeln waschen, schälen und in Würfel schneiden. Zwiebeln abziehen und fein würfeln. Bacon in feine Streifen schneiden. Öl in einem Topf erhitzen und Bacon darin knusprig braten. Herausnehmen und auf Küchenpapier legen.

2. Zwiebelwürfel im Bratfett andünsten. Kartoffeln dazugeben und andünsten. Mit Salz und Pfeffer würzen. Brühe, Kümmel, Lorbeerblatt und Wacholderbeeren dazugeben und etwa 5 Minuten köcheln lassen.

3. Sauerkraut abtropfen lassen und etwas zerpflücken. Majoran waschen, trockenschütteln und die Blättchen von den Stängeln zupfen. Sauerkraut, Majoran, Bacon und Apfelsaft zu den Kartoffeln geben. Alles vermischen, aufkochen und weitere 15 Minuten garen.

4. Äpfel waschen, vierteln, entkernen und in Spalten schneiden. Apfelspalten, Bacon und Wurst zum Eintopf geben und weitere 5 Minuten garen.

5. Eintopf mit Salz und Pfeffer abschmecken. Mascarpone löffelweise unterrühren.

ALTERNATIVE **Wenn keine Kinder mitessen, kann statt Apfelsaft auch Cidre verwendet werden.**

Zutaten für 4 Personen

500 g vorwiegend festkochende Kartoffeln
2 rote Zwiebeln
100 g Bacon (Frühstücksspeck)
2 EL Öl
Salz
Pfeffer, frisch gemahlen
1 l Gemüsebrühe (siehe Grundrezept Seite 14)
1 TL Kümmel
1 Lorbeerblatt
1 TL Wacholderbeeren
1 große Dose Sauerkraut (800 g Füllmenge)
1 Bund Majoran
200 ml Apfelsaft
2 Äpfel
4 Chorizos (ca. 300 g, spanische Paprika-Knoblauch-Wurst)
150 g Mascarpone

Zubereitungszeit:
1 Stunde

LINSENEINTOPF MIT ENTENBRUST

1. Möhren und Kartoffeln waschen, putzen, schälen und in Würfel schneiden. Staudensellerie waschen, putzen und in Scheiben schneiden. Zwiebel abziehen und fein würfeln. Thymian waschen, trockenschütteln und die Blättchen von den Stängeln abzupfen. Speck in kleine Würfel schneiden.

2. Öl erhitzen und den Speck darin braten. Zwiebelwürfel dazugeben und kurz mitbraten. Kartoffeln und Möhren dazugeben und andünsten. Berglinsen, Thymian und Brühe zufügen. Alles aufkochen und etwa 20 Minuten köcheln lassen.

3. Inzwischen den Backofen auf 180 °C (Umluft 160 °C, Gas Stufe 2–3) vorheizen. Ein Backblech mit Backpapier auslegen. Entenbrustfilets waschen und trockentupfen. Die Haut mehrmals einschneiden. Mit Salz und Pfeffer würzen.

4. Eine beschichtete Pfanne ohne Fett erhitzen und die Entenbrustfilets mit der Hautseite nach unten darin etwa 4 Minuten anbraten. Wenden. Bei mittlerer Hitze weitere 4 Minuten braten. Filets mit der Haut nach oben auf das Backblech legen und im Backofen 12 bis 15 Minuten fertig braten.

5. Rote Linsen und Sellerie in den Eintopf geben und weitere 6 bis 7 Minuten garen. Mit Salz, Pfeffer und Essig würzen.

6. Entenbrustfilets aus dem Backofen nehmen und kurz ruhen lassen. In Scheiben schneiden und auf den Eintopf legen.

Zutaten für 4 Personen

250 g Möhren
500 g vorwiegend festkochende Kartoffeln
150 g Staudensellerie
1 Zwiebel
1 Bund Thymian
100 g Pancetta (luftgetrockneter Bauchspeck aus Italien), in dünnen Scheiben
3 EL Olivenöl
150 g Berglinsen
1,5 l Hühnerbrühe (siehe Grundrezept Seite 15)
2 Entenbrustfilets (à ca. 350 g)
Salz
Pfeffer, frisch gemahlen
100 g rote Linsen
2–3 EL Aceto balsamico

Zubereitungszeit:
1 Stunde

ALTERNATIVE Statt Entenbrust kann auch Hähnchenbrustfilet verwendet werden. Dafür die Hähnchenbrustfilets in 3 bis 4 Esslöffel heißem Olivenöl in der Pfanne unter Wenden 8 bis 10 Minuten braten.

KARTOFFELEINTOPF MIT GEBRATENEN ÄPFELN

1. Kartoffeln waschen, schälen und in Stücke schneiden. Schalotten abziehen und fein würfeln. Ingwer schälen und hacken. 2 Esslöffel Öl erhitzen und die Schalotten und den Ingwer darin andünsten. Kartoffeln dazugeben und andünsten. Mit Salz, Pfeffer und Thymian würzen. Mit Brühe oder Fond ablöschen und bei schwacher Hitze etwa 20 Minuten köcheln lassen.

2. Äpfel waschen, vierteln, Kerngehäuse entfernen und das Fruchtfleisch in Würfel schneiden. 1 Esslöffel Öl in einer beschichteten Pfanne erhitzen und die Apfelwürfel darin kurz anbraten. Herausnehmen.

3. Violette Kartoffeln waschen, schälen und in kleine Würfel schneiden. Rinderfilet waschen, trockentupfen und in feine Streifen schneiden.

4. Restliches Öl in der Pfanne erhitzen und die violetten Kartoffeln darin unter Wenden 5 bis 8 Minuten braten. Herausnehmen, salzen und pfeffern. Fleisch ins Bratfett geben und 2 Minuten braten. Herausnehmen. Würzen.

5. Erbsen und Äpfel in den Eintopf geben und 5 Minuten erhitzen. Sahne zugießen. Abschmecken. Den Eintopf mit den Kartoffelwürfeln und den Rinderfiletstreifen bestreuen.

Zutaten für 4 Personen

1,2 kg mehligkochende Kartoffeln
2 Schalotten
20 g frischer Ingwer
5 EL Olivenöl
Salz
Pfeffer, frisch gemahlen
2 Stiele Thymian
1 l Gemüsebrühe (siehe Grundrezept Seite 14) oder Gemüsefond (Glas)
2 Äpfel (z. B. Boskop)
300 g violette Kartoffeln
250 g Rinderfilet
150 g tiefgekühlte Erbsen
200 g Sahne

Zubereitungszeit:
50 Minuten

ALTERNATIVE Wer es gerne deftiger mag, tauscht das Rinderfilet gegen Blutwurst aus und brät zusätzlich noch 100 Gramm gewürfelten durchwachsenen Speck mit.

KOKOS-ZUCKERSCHOTEN-SUPPE MIT SAIBLING

1. Zwiebel und Knoblauch abziehen und in feine Würfel schneiden. Ingwer schälen und fein hacken. Zuckerschoten waschen, putzen und in kleine Stücke schneiden. Frühlingszwiebeln waschen, putzen und in Ringe schneiden.

2. Mango schälen, aufrecht stellen und das Fruchtfleisch an beiden Seiten vom Kern abschneiden. Fruchtfleisch in Würfel schneiden. Saiblingsfilets waschen, trockentupfen und in Stücke schneiden. Mit Salz und Pfeffer würzen.

3. Öl erhitzen und Zwiebel, Knoblauch und Ingwer darin andünsten. Currypaste dazugeben und kurz anschwitzen. Mit Kokosmilch und Brühe ablöschen. Kaffirlimettenblätter, Zuckerschoten und Frühlingszwiebeln dazugeben und etwa 5 Minuten garen.

4. Koriandergrün waschen, trockenschütteln und die Blättchen grob hacken. Erbsen und Fischstücke in die Suppe geben und weitere 5 Minuten garen. Abschmecken.

5. Reichlich Wasser mit etwas Salz aufkochen und die Nudeln darin nach Packungsanweisung garen. Abgießen und abtropfen lassen. Nudeln, Mango und Koriandergrün in die Suppe geben. Sofort servieren.

TIPP Wer keine Kaffirlimettenblätter bekommt, kann die Suppe auch mit abgeriebener Schale und Saft von 1 Limette zubereiten. Bitte immer auf Bioqualität achten, denn diese Zitrusfrüchte sind unbehandelt und die Schale darf mitgegessen werden.

Zutaten für 4 Personen

1 Zwiebel
1 Knoblauchzehe
20 g Ingwer
200 g Zuckerschoten
1 Bund Frühlingszwiebeln
1 Mango
4 Saiblingfilets (à ca. 100 g)
Salz
Pfeffer, frisch gemahlen
3 EL Öl
3 EL Currypaste (Asialaden und Supermarkt)
1 Dose Kokosmilch (400 ml Füllmenge)
½ l Gemüsebrühe (siehe Grundrezept Seite 14) oder Gemüsefond (Glas)
4 Kaffirlimettenblätter (Asialaden)
1 Bund Koriandergrün
1 Packung tiefgekühlte Erbsen (300 g)
100 g Reisnudeln oder Mie-Nudeln

Zubereitungszeit:
40 Minuten

INDISCHER KICHERERBSENEINTOPF

1. Etwas Wasser aufkochen. Stielansätze der Tomaten entfernen. Tomaten kurz in das kochende Wasser tauchen, mit einer Schaumkelle herausnehmen, mit kaltem Wasser abschrecken, häuten, halbieren, entkernen und würfeln.

2. Granatapfel quer halbieren und die Kerne herauslösen. Dazu am besten Einmalhandschuhe anziehen, da die Frucht stark färbt. Die Granatapfelhälften über eine Schüssel halten und etwas zusammendrücken. Anschließend nacheinander die Schnittflächen auf eine Handinnenfläche setzen und die Schale rundherum mit einem Esslöffel kräftig klopfen – so lösen sich die Kerne ganz leicht aus den weißen Trennhäuten. Kerne beiseite stellen.

3. Kartoffeln waschen, schälen und in Würfel schneiden. Kreuzkümmel und Koriander in einem Mörser zerstoßen. Zwiebeln abziehen und fein würfeln.

4. Öl erhitzen und die Zwiebelwürfel darin andünsten. Currypaste dazugeben und anschwitzen. Kartoffeln zufügen, mit Kreuzkümmel, Salz und Pfeffer würzen. Mit Brühe ablöschen und etwa 15 Minuten garen.

5. Inzwischen Hähnchenbrustfilet waschen, trockentupfen und in Würfel schneiden. Kichererbsen auf ein Sieb geben, mit kaltem Wasser abspülen und gut abtropfen lassen. Spinat verlesen, waschen und abtropfen lassen.

6. Hähnchenfleisch, Tomaten und Kichererbsen zu den Kartoffeln geben und weitere 5 Minuten mitköcheln lassen. Spinat untermischen und 5 Minuten weitergaren.

7. Joghurt mit Salz und Pfeffer würzen. Granatapfelkerne in den Eintopf geben. Eintopf abschmecken. Joghurt dazu reichen.

Zutaten für 4 Personen

2 Fleischtomaten
1 Granatapfel
500 g vorwiegend festkochende Kartoffeln
1 TL Kreuzkümmel (Cumin)
1 TL Koriandersamen
2 rote Zwiebeln
3 EL Öl
3 EL rote Currypaste (Asialaden und Supermarkt)
Salz
Pfeffer, frisch gemahlen
1,2 l Hühnerbrühe (siehe Grundrezept Seite 15)
500 g Hähnchenbrustfilet
1 Dose Kichererbsen (240 g Abtropfgewicht)
200 g Babyblattspinat
250 g griechischer Joghurt

Zubereitungszeit:
45 Minuten

KÜRBISEINTOPF

1. Kürbis halbieren und das Kerngehäuse entfernen, Fruchtfleisch in Scheiben schneiden, schälen und würfeln. Kartoffeln waschen, schälen und würfeln. Zwiebeln abziehen und fein würfeln. Majoran waschen, trockenschütteln und die Blättchen abzupfen.

2. Öl erhitzen und die Zwiebelwürfel darin glasig dünsten. Kartoffeln zufügen und andünsten. Mit Salz und Pfeffer würzen. Brühe und Majoran dazugeben und etwa 10 Minuten garen.

3. Speck in grobe Stücke schneiden und in einer beschichteten Pfanne ohne Fettzugabe knusprig braten. Herausnehmen und auf Küchenpapier abtropfen lassen.

4. Kürbiswürfel in die Suppe geben und weitere 10 Minuten mitköcheln lassen. Schnittlauch waschen, trockenschütteln und in feine Röllchen schneiden. Schmand, Salz, Pfeffer und Schnittlauch verrühren.

5. Für die Croûtons das Brot würfeln. Butter in einer beschichteten Pfanne erhitzen und das Brot darin rösten.

6. Speck in den Eintopf geben. Den Eintopf abschmecken. Schmand und Croûtons dazu reichen.

Zutaten für 4 Personen

1 Kürbis (z. B. Butternut, 1 kg)
750 g mehligkochende Kartoffeln
2 Zwiebeln
1 Bund Majoran
2 EL Öl
Salz
Pfeffer, frisch gemahlen
1,2 l Gemüsebrühe (siehe Grundrezept Seite 14)
150 g Bacon (Frühstücksspeck)
½ Bund Schnittlauch
200 g Schmand
4 Scheiben Landbrot
40 g Butter

Zubereitungszeit:
1 Stunde

ZUSÄTZLICH Wer es gerne nussig mag, streut noch ein paar geröstete Kürbiskerne über den Eintopf.

WIRSINGEINTOPF MIT KABANOSSI

1. Vom Wirsing die äußeren Blätter entfernen, Kohlkopf halbieren und den Strunk keilförmig entfernen. Wirsing in Würfel schneiden, waschen und abtropfen lassen. Süßkartoffeln waschen, putzen, schälen und in Würfel schneiden.

2. Zwiebel und Knoblauch abziehen und fein würfeln. Öl erhitzen und die Zwiebel- und Knoblauchwürfel darin andünsten. Süßkartoffeln und Wirsing dazugeben und andünsten. Brühe und passierte Tomaten zufügen, mit Salz, Pfeffer und Chiliflocken würzen. Alles zum Kochen bringen und bei mittlerer Hitze etwa 20 Minuten köcheln lassen.

3. Kabanossi in Scheiben schneiden, in den Eintopf geben und miterhitzen.

4. Petersilie waschen, trockenschütteln und die Blättchen grob hacken. Petersilie über den Eintopf streuen. Mit Zucker, Salz und Pfeffer abschmecken.

Zutaten für 4 Personen

1 Wirsingkohl (1 kg)
500 g Süßkartoffeln
1 Zwiebel
1 Knoblauchzehe
2 EL Öl
1 l Gemüsebrühe (siehe
Grundrezept Seite 14)
500 g passierte Tomaten
Salz
Pfeffer, frisch gemahlen
Chiliflocken
300 g Kabanossi
1 Bund Petersilie
1 Prise Zucker

Zubereitungszeit:
40 Minuten

ALTERNATIVE **Im Frühling schmeckt statt Wirsing auch Spitzkohl sehr gut. Diesen 10 Minuten vor Ende der Garzeit zu den Süßkartoffeln geben.**

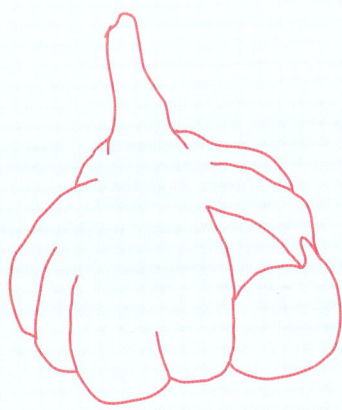

GARTENEINTOPF

1. Kohlrabi, Möhren und Petersilienwurzel waschen, putzen, schälen und in Stücke bzw. Würfel schneiden. Zuckerschoten waschen, putzen und halbieren. Frühlingszwiebeln waschen, putzen und in Ringe schneiden.

2. Zwiebel abziehen und würfeln. Öl erhitzen und die Zwiebelwürfel darin andünsten. Möhren, Kohlrabi und Petersilienwurzel dazugeben und andünsten. Mit Salz und Pfeffer würzen. Brühe zugießen. Alles zum Kochen bringen und bei mittlerer Hitze etwa 10 Minuten köcheln lassen.

3. Kerbel und Estragon waschen, trockenschütteln und die Blättchen fein hacken. Zuckerschoten, Frühlingszwiebeln und Erbsen in den Eintopf geben und 5 Minuten mitgaren.

4. Sahne und Kräuter zum Eintopf geben. Mit Salz, Pfeffer und Zitronensaft abschmecken.

ZUSÄTZLICH Dazu passt ein kräftiges Bauernbrot.

ALTERNATIVE Anstelle von tiefgefrorenen Erbsen kann man im Sommer auch 600 Gramm frische Schoten kaufen und auspalen.

Zutaten für 4 Personen

1 Kohlrabi
1 Bund Möhren
1 Petersilienwurzel
250 g Zuckerschoten
1 Bund Frühlingszwiebeln
1 Zwiebel
3 EL Öl
Salz
Pfeffer, frisch gemahlen
1 l Gemüsebrühe (siehe Grundrezept Seite 14)
1 Bund Kerbel
1 Bund Estragon
150 g tiefgekühlte Erbsen
200 g Sahne
Saft von ½ Zitrone

Zubereitungszeit:
1 Stunde

NUDEL-HÄHNCHEN-EINTOPF MIT PETERSILIENPESTO

1. Hähnchenkeulen waschen und trockentupfen. Mit 1,5 Liter kaltem Wasser, Salz, Lorbeerblatt und Pfefferkörnern aufkochen. Bei schwacher Hitze etwa 30 Minuten köcheln lassen.

2. Möhren und Sellerie waschen, putzen und in Scheiben schneiden. Tomaten kurz in kochendes Wasser tauchen, kalt abschrecken, häuten, halbieren, entkernen und in Spalten schneiden.

3. Für das Pesto Petersilie waschen, trockenschütteln und die Blättchen abzupfen. Knoblauch abziehen. Zitrone waschen, trockenreiben und die Schale abziehen. Saft auspressen. Petersilie und Knoblauch fein pürieren und dabei das Öl einlaufen lassen. Mit Zitronenschale, Salz und Pfeffer würzen.

4. Hähnchenkeulen herausnehmen, Brühe durch ein Sieb in einen Topf gießen und etwas abkühlen lassen. Von den Hähnchenkeulen die Haut abziehen und das Fleisch von den Knochen lösen. Fleisch in mundgerechte Stücke schneiden.

5. Wasser mit etwas Salz aufkochen und die Nudeln darin nach Packungsanweisung kochen. Salbeiblättchen fein hacken.

6. Brühe entfetten und erneut aufkochen. Möhren, Sellerie und Salbei zufügen und 10 Minuten köcheln. Tomaten, Fleisch und Oliven zufügen und miterhitzen. Nudeln abgießen und dazugeben. Mit Zitronensaft würzen. Pesto dazu reichen.

Zutaten für 4 Personen

4 Hähnchenkeulen (ca. 1,2 kg)
Salz
1 Lorbeerblatt
1 TL schwarze Pfefferkörner
300 g Möhren
1 Bund Staudensellerie
600 g Tomaten
1 Bund Petersilie
1 Knoblauchzehe
½ Biozitrone
50 ml Olivenöl
Pfeffer, frisch gemahlen
100 g Suppennudeln
4 Salbeiblättchen
50 g schwarze, entsteinte Oliven

Zubereitungszeit:
75 Minuten

NOCH SCHNELLER Wenn es schneller gehen soll, 600 Gramm Hähnchenbrustfilet verwenden, denn das Filet muss nur etwa 10 Minuten garen.

SPITZKOHLEINTOPF MIT PETERSILIENCREME

1. Zwiebeln abziehen und fein würfeln. Öl erhitzen und die Zwiebelwürfel darin andünsten. Graupen dazugeben und kurz andünsten. Mit Brühe ablöschen und zugedeckt 15 Minuten köcheln lassen.

2. Inzwischen Spitzkohl waschen, putzen, halbieren und den Strunk herausschneiden. Möhren waschen, schälen und in Scheiben schneiden. Majoran waschen, trockenschütteln und die Blättchen hacken.

3. Spitzkohl, Möhren und Majoran zu den Graupen geben. Mit Salz und Pfeffer würzen und weitere 12 Minuten dünsten.

4. Orange heiß waschen, trockenreiben und die Schale abreiben. Saft auspressen.

5. Für die Petersiliencreme Petersilie waschen, trockenschütteln und die Blättchen fein hacken. Crème fraîche und Petersilie verrühren und mit Salz und Pfeffer würzen.

6. Brot rösten. Eintopf mit Orangensaft, Orangenschale, Salz und Pfeffer würzen. Petersiliencreme und Brot zum Eintopf reichen.

Zutaten für 4 Personen

2 Zwiebeln
2 EL Öl
200 g Graupen
1,2 l Gemüsebrühe (siehe Grundrezept Seite 14)
1 Spitzkohl (ca. 800 g)
300 g Möhren
1 Bund Majoran
Salz
Pfeffer, frisch gemahlen
½ Bioorange
½ Bund Petersilie
150 g Crème fraîche
4 Scheiben Landbrot

Zubereitungszeit:
40 Minuten

ALTERNATIVE Anstelle von Spitzkohl lässt sich auch Wirsing verwenden. Dieser benötigt dann ca. 15 Minuten Garzeit.

SÜSSKARTOFFELEINTOPF MIT HACKFLEISCH

1. Süßkartoffeln waschen, putzen, schälen und in kleine Stücke schneiden. Paprikaschoten waschen, putzen und würfeln. Zwiebel und Knoblauch abziehen und fein würfeln. Chilischoten waschen und mit den Kernen hacken.

2. Öl erhitzen und das Hackfleisch darin anbraten. Zwiebel, Knoblauch und Chili dazugeben und kurz mitbraten. Mit Paprikapulver, Kreuzkümmel, Salz und Pfeffer würzen. Brühe und Tomaten zufügen und aufkochen. Süßkartoffeln und Paprika dazugeben und 12 bis 15 Minuten garen.

3. Kidneybohnen auf ein Sieb geben, mit kaltem Wasser abspülen und abtropfen lassen.

4. Für den Minzjoghurt Minze waschen, trockenschütteln und die Blättchen fein hacken. Joghurt, Minze, Salz und Pfeffer verrühren.

5. Bohnen in den Eintopf geben und miterhitzen. Abschmecken. Mit Erdnüssen bestreuen. Mit Minzjoghurt anrichten.

ALTERNATIVE

Anstelle der Erdnüsse eignen sich ebenso geröstete Cashewnüsse oder Macadamianüsse. Der Koriander kann auch gegen glatte Petersilie ausgetauscht werden.

Zutaten für 4 Personen

750 g Süßkartoffeln
2 Paprikaschoten
1 Zwiebel
1 Knoblauchzehe
2 Chilischoten
2 EL Öl
500 g Rinderhackfleisch
1 EL edelsüßes Paprikapulver
1 TL Kreuzkümmel (Cumin), gemahlen
Salz
Pfeffer, frisch gemahlen
1 l Gemüsebrühe (siehe Grundrezept Seite 14)
500 g passierte Tomaten
1 Dose Kidneybohnen (400 g Füllmenge)
½ Bund Minze
250 g griechischer Joghurt
50 g geröstete Erdnüsse

Zubereitungszeit:
75 Minuten

WÜRZIGER MAISEINTOPF MIT KORIANDERSCHMAND

1. Sellerie und Möhren waschen, putzen, schälen und in Würfel schneiden. Porree waschen, putzen und in Ringe schneiden. Mais auf einem Sieb abtropfen lassen. Zwiebel und Knoblauch abziehen und fein würfeln. Ingwer schälen und hacken.

2. Bacon in Streifen schneiden und in einem Topf ohne Fett knusprig braten. Herausnehmen und auf Küchenpapier abtropfen lassen.

3. Öl in dem gleichen Topf erhitzen. Zwiebel, Knoblauch und Ingwer darin andünsten. Sellerie, Möhren und Porree dazugeben und andünsten. Mit Salz und Cayennepfeffer würzen. Brühe oder Fond zugießen und etwa 10 Minuten köcheln lassen.

4. Für den Korianderschmand Koriandergrün waschen, trockenschütteln und die Blättchen hacken. Schmand und Koriandergrün verrühren und mit Salz würzen.

5. Mais und Bacon in den Eintopf geben und miterhitzen. Abschmecken. Korianderschmand dazu reichen.

Zutaten für 4 Personen

½ Sellerieknolle (ca. 350 g)
250 g Möhren
1 Stange Porree
2 Dosen Mais (à 280 g Abtropfgewicht)
1 Zwiebel
1 Knoblauchzehe
30 g Ingwer
150 g Bacon
2 EL Öl
Salz
Cayennepfeffer
1 l Gemüsebrühe (siehe Grundrezept Seite 14) oder Gemüsefond (Glas)
1 Bund Koriandergrün
250 g Schmand

Zubereitungszeit:
40 Minuten

ALTERNATIVE Anstelle von Koriandergrün schmeckt der Schmand auch gut mit Petersilie.

BAUERNEINTOPF MIT OCHSENBEIN

1. Beinscheiben waschen, trockentupfen und den Fettrand mehrmals einschneiden. Pfefferkörner, Pimentkörner und Wacholderbeeren in einem Mörser zerstoßen. Beinscheiben damit einreiben. Salzen.

2. Zwiebel abziehen und würfeln. Öl erhitzen und die Beinscheiben darin von allen Seiten kräftig anbraten. Zwiebel kurz mitbraten. Lorbeerblatt dazugeben. Mit 1 Liter Wasser und Rotwein ablöschen und das Fleisch zugedeckt etwa 2 Stunden schmoren.

3. Inzwischen Staudensellerie, Möhren und Porree waschen, putzen und in Stücke schneiden.

4. Beinscheiben und Lorbeerblatt herausnehmen. Fleisch vom Knochen lösen und in mundgerechte Stücke schneiden.

5. Tomaten mit der Flüssigkeit in die Brühe geben und etwas zerdrücken, Tomatenmark und Rosmarin zufügen und alles aufkochen. Staudensellerie, Möhren und Porree dazugeben und etwa 10 Minuten köcheln lassen. Fleisch dazugeben und erwärmen. Abschmecken.

Zutaten für 4 Personen

3 Ochsenbeinscheiben (à ca. 400 g)
1 TL schwarze Pfefferkörner
1 TL Pimentkörner
1 TL Wacholderbeeren
Salz
1 Zwiebel
2 EL Öl
1 Lorbeerblatt
200 ml Rotwein
400 g Staudensellerie
300 g Möhren
1 Stange Porree
1 Dose Tomaten (400 g)
2 EL Tomatenmark
1 EL gehackte Rosmarin-nadeln
1 Prise Zucker
Pfeffer, frisch gemahlen

Zubereitungszeit:
50 Minuten
(plus 2 Stunden Garzeit)

FÜR GÄSTE Dieser Eintopf eignet sich als Zwischengang im Rahmen eines Menüs. Damit er auch optisch eine besondere Augenweide wird, überbäckt man ihn mit Blätterteig. Dafür den Eintopf in 8 Schälchen füllen. 4 Scheiben aufgetauten Blätterteig ausrollen und jeweils halbieren. Auf die Schälchen verteilen, am Rand mit verquirltem Eiweiß bepinseln und etwas andrücken. Im vorgeheizten Backofen bei 200 °C (180 °C Umluft, Gas Stufe 3–4) 12 bis 15 Minuten backen.

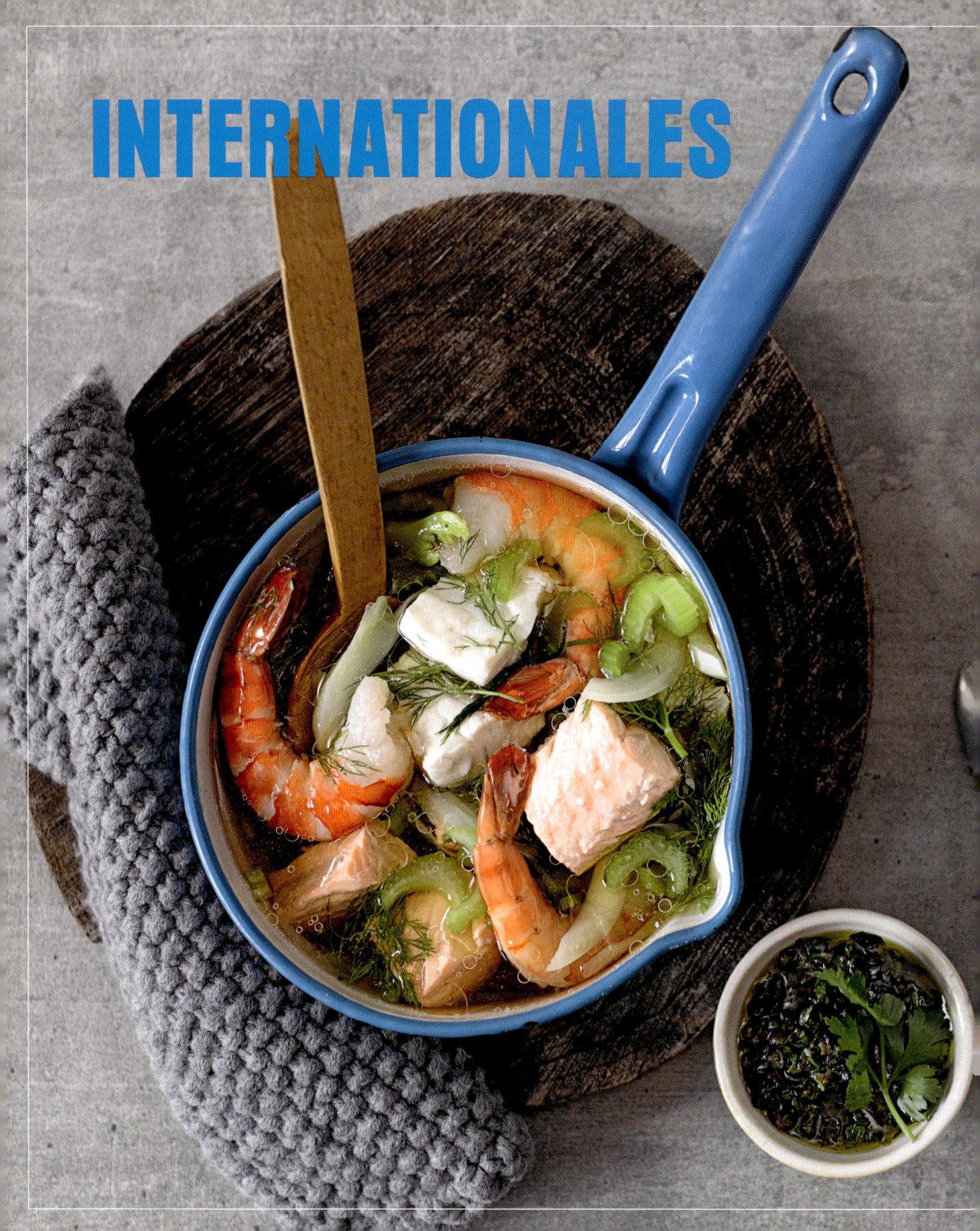

INTERNATIONALES

FISCHSUPPE MIT FENCHEL (FRANKREICH)

1. Für die Suppe Fischfilet waschen, trockentupfen und in mundgerechte Stücke schneiden. Garnelen am Rücken längs einschneiden und den schwarzen Faden (Darm) entfernen. Garnelen waschen und trockentupfen. Staudensellerie und Fenchel waschen, putzen und in Scheiben schneiden. Thymian waschen, trockenschütteln und die Blättchen hacken. Zwiebel und 2 Knoblauchzehen abziehen und fein würfeln.

2. 3 Esslöffel Öl erhitzen und die Zwiebel- und Knoblauchwürfel darin andünsten. Staudensellerie und Fenchel zufügen und mitdünsten. Mit Salz, Pfeffer, etwas Thymian und Chiliflocken würzen. Fischfond und Brühe zugießen, aufkochen und etwa 10 Minuten köcheln lassen.

3. Fischfilet dazugeben und bei schwacher Hitze weitere 4 Minuten garen. Garnelen dazugeben und 2 Minuten weitergaren. Suppe mit Pernod, Salz und Pfeffer abschmecken.

4. Für die Olivenpaste Petersilie waschen, trockenschütteln und die Blättchen hacken. 1 Knoblauchzehe abziehen. Oliven, Knoblauch, Kapern, restlichen Thymian und 3 bis 4 Esslöffel Öl pürieren. Mit Orangensaft, Salz und Pfeffer abschmecken. Petersilie unterrühren.

5. Fischsuppe mit der Olivenpaste servieren.

Das Bild zum Rezept befindet sich auf Seite 86.

Zutaten für 4 Personen

750 g Fischfilet (z. B. Dorade, Lachs, Wolfsbarsch oder Hecht)
8 Garnelen (roh, geschält)
250 g Staudensellerie
1 Fenchelknolle
4–5 Zweige Thymian
1 Zwiebel
3 Knoblauchzehen
6–7 EL Olivenöl
Salz
Pfeffer, frisch gemahlen
Chiliflocken
800 ml Fischfond
¼ l Gemüsebrühe (siehe Grundrezept Seite 14)
4–5 EL Pernod
1 Bund glatte Petersilie
150 g schwarze, entsteinte Oliven
1 TL Kapern
2 EL Orangensaft

Zubereitungszeit:
40 Minuten

ZUSÄTZLICH **Dazu passt Baguette. Die Olivenpaste schmeckt auch pur auf gerösteten Baguettescheiben. Wer mag, belegt diese dann noch mit Kirschtomaten.**

GULASCHSUPPE MIT PAPRIKA UND PFIFFERLINGEN (UNGARN)

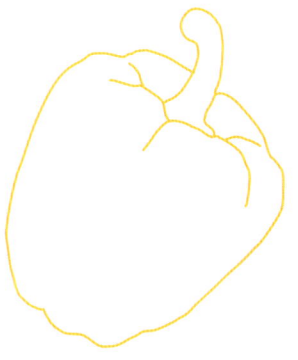

1. Pfifferlinge in 50 Milliliter heißem Wasser einweichen. Hüftsteaks in mundgerechte Würfel schneiden. Paprikaschoten waschen, putzen und in Würfel schneiden. Zwiebel abziehen und fein würfeln.

2. Butterschmalz erhitzen und das Fleisch darin 3 bis 4 Minuten kräftig anbraten. Herausnehmen, salzen und pfeffern.

3. Die Zwiebelwürfel in das Bratfett geben und andünsten. Tomatenmark und Paprikapulver dazugeben und anschwitzen. Paprikaschoten zufügen und kurz andünsten. Mit Brühe und Rotwein ablöschen. Tomatenpüree und eingeweichte Pfifferlinge dazugeben. Alles 15 Minuten garen.

4. Für den Dip Schmand, Joghurt, Salz und Pfeffer verrühren. Schnittlauch waschen, trockenschütteln, in feine Ringe schneiden und unter den Schmand rühren. Abschmecken.

5. Fleisch in die Suppe geben und kurz erhitzen. Mit Piri-Piri scharf abschmecken. Den Dip zu der Suppe reichen.

Das Bild zum Rezept befindet sich auf Seite 87.

FÜR GÄSTE
Eine scharfe Gulaschsuppe ist genau das Richtige für eine Party. Außer dem Dip kann man auch noch ein Baguette dazu reichen.

Zutaten für 4 Personen

20 g getrocknete Pfifferlinge
4 Hüftsteaks (à 200 g)
3 Paprikaschoten
(rot, gelb, grün)
1 große Zwiebel
30 g Butterschmalz
Salz
Pfeffer, frisch gemahlen
1 EL Tomatenmark
Paprikapulver, edelsüß
1 l Rinderbrühe (siehe Grundrezept Seite 15)
¼ l Rotwein
250 g Tomatenpüree
(Packung)
200 g Schmand
150 g Vollmilchjoghurt
1 Bund Schnittlauch
Piri-Piri (scharfe Pfefferschotensauce)

Zubereitungszeit:
40 Minuten

ZITRONEN-REIS-SUPPE (GRIECHENLAND)

1. Reis nach Packungsanweisung in gesalzenem Wasser kochen. Auf einem Sieb abgießen und abtropfen lassen.

2. Hähnchenbrustfilet waschen, trockentupfen und in mundgerechte Stücke schneiden. Frühlingszwiebeln putzen, waschen und in Ringe schneiden.

3. Spinat verlesen, putzen, waschen und tropfnass bei mittlerer Hitze etwa 3 Minuten in einem Topf zusammenfallen lassen. Gut abtropfen lassen und grob hacken.

4. Brühe aufkochen. Hähnchenfleisch und Frühlingszwiebeln hineingeben und etwa 5 Minuten köcheln. Reis und Spinat in die Suppe geben und miterhitzen.

5. Eigelb verquirlen. Zitronensaft und 3 Esslöffel heiße Brühe unterrühren. Topf von der Kochstelle nehmen und die Zitronen-Eigelb-Mischung langsam und unter ständigem Rühren zur Suppe gehen; es darf nicht kochen, sonst gerinnt das Eigelb, und die Suppe wird unansehnlich. Mit Salz und Pfeffer abschmecken. Den Käse darüberreiben.

Zutaten für 4 Personen

100 g Langkornreis
Salz
600 g Hähnchenbrustfilet
2 Bund Frühlingszwiebeln
500 g Blattspinat
1 l Hühnerbrühe (siehe
Grundrezept Seite 15)
3 Eigelb
Saft von 1 Zitrone
Pfeffer, frisch gemahlen
100 g Kefalotiri (griechischer
Hartkäse)

Zubereitungszeit:
35 Minuten

ALTERNATIVE Anstelle von Kefalotiri kann man auch Parmesan oder Pecorino verwenden.

KOKOS-GARNELEN-SUPPE MIT SPARGEL (THAILAND)

1. Garnelen am Rücken längs einschneiden und den schwarzen Faden (Darm) entfernen. Garnelen waschen, trockentupfen.

2. Spargel waschen, das untere Drittel schälen, die Enden abschneiden und die Stangen in etwa 3 Zentimeter breite Stücke schneiden. Möhren waschen, putzen, schälen und in Scheiben schneiden. Zitronengras waschen, die harten äußeren Blätter entfernen, die Stängel quer halbieren und längs aufschneiden.

3. Schalotte und Knoblauch abziehen und fein würfeln. Ingwer schälen und fein hacken. Chilischote waschen und mit den Kernen hacken. Öl erhitzen und Schalotte, Knoblauch, Ingwer, Chili und Zitronengras darin andünsten. Mit Kokosmilch und Brühe ablöschen, aufkochen und etwa 15 Minuten köcheln lassen.

4. Mungobohnensprossen waschen und auf einem Sieb abtropfen lassen. Zitronengras entfernen. Spargel und Möhren in den Topf geben und etwa 5 Minuten garen. Garnelen und Sprossen dazugeben und weitere 3 Minuten mitgaren.

5. Koriandergrün waschen, trockenschütteln und die Blättchen abzupfen. Suppe mit Austernsauce und Salz abschmecken. Mit Koriandergrün bestreuen.

Zutaten für 4 Personen

500 g Garnelen (roh, ohne Schale)
500 g grüner Spargel
200 g Möhren
1 Stängel Zitronengras
1 Schalotte
1 Knoblauchzehe
30 g frischer Ingwer
1 Chilischote
2 EL Öl
1 Dose Kokosmilch (400 ml Füllmenge)
¾ l Gemüsebrühe (siehe Grundrezept Seite 14)
Salz
100 g Mungobohnensprossen
1 Bund Koriandergrün
2–3 EL Austernsauce

Zubereitungszeit:
50 Minuten

ALTERNATIVE Anstelle von Garnelen kann man die Suppe auch mit Fischfilet zubereiten. Dazu den Fisch waschen, trockentupfen, in mundgerechte Stücke schneiden und etwa 4 Minuten mitgaren.

BORRETSCH
MIT MEERRETTICHDIP (RUSSLAND)

1. Weißkohl waschen, putzen und in Streifen schneiden. Rote Bete waschen, schälen und fein würfeln. Etwas Wasser aufkochen. Stielansätze der Tomaten entfernen. Tomaten kurz in das kochende Wasser tauchen, mit einer Schaumkelle herausnehmen, mit kaltem Wasser abschrecken, häuten und grob hacken.

2. Zwiebel abziehen und fein würfeln. Butter erhitzen und die Zwiebelwürfel darin andünsten. Weißkohl und Rote Bete dazugeben, andünsten und mit Brühe ablöschen. Tomaten und Lorbeerblatt dazugeben. Mit Salz und Pfeffer würzen. Aufkochen und etwa 25 Minuten köcheln lassen.

3. Inzwischen Hüftsteak in Würfel schneiden. Fleisch zum Eintopf geben und weitere 6 bis 8 Minuten mitgaren.

4. Für den Meerrettichdip Crème fraîche, saure Sahne, Salz, Pfeffer und Meerrettich verrühren. Petersilie waschen, trockenschütteln und die Blättchen fein hacken. Petersilie unter den Dip rühren. Abschmecken.

5. Borretsch mit Essig, Zucker, Salz und Pfeffer abschmecken. Mit dem Meerrettichdip servieren.

Zutaten für 4 Personen

500 g Weißkohl
500 g Rote Bete
200 g Tomaten
1 Zwiebel
30 g Butter
1 l Rinderbrühe (siehe Grundrezept Seite 15)
1 Lorbeerblatt
Salz
Pfeffer, frisch gemahlen
600 g Hüftsteak
100 g Crème fraîche
150 g saure Sahne
2–3 TL geriebener Meerrettich (Glas)
1 Bund Petersilie
3–4 EL Rotweinessig
1 Prise Zucker

Zubereitungszeit:
1 Stunde

ALTERNATIVE Dieser Eintopf lässt sich ganz leicht abwandeln, indem man die Tomaten weglässt und durch Kartoffeln ersetzt. Die Kartoffeln waschen, schälen, würfeln und zusammen mit der Roten Bete in die Brühe geben. So wird er noch sättigender.

MINESTRONE MIT RUCOLAPESTO (ITALIEN)

1. Etwas Wasser aufkochen. Stielansätze der Tomaten entfernen. Tomaten kurz in das kochende Wasser tauchen, mit einer Schaumkelle herausnehmen, mit kaltem Wasser abschrecken, häuten und grob hacken.

2. Zucchini waschen, putzen und in Scheiben schneiden. Grüne Bohnen waschen, putzen und je nach Größe eventuell halbieren. Porree waschen, putzen und in Ringe schneiden. Rosmarin waschen, trockenschütteln und die Nadeln fein hacken. Bohnen auf ein Sieb geben, mit kaltem Wasser abspülen und gut abtropfen lassen.

3. Zwiebeln und Knoblauch abziehen und fein würfeln. 3 Esslöffel Öl erhitzen und Zwiebeln und Knoblauch darin andünsten. Vorbereitetes Gemüse und Erbsen zufügen, andünsten und mit Salz, Pfeffer und Rosmarin würzen. Brühe zugießen, aufkochen und alles etwa 15 Minuten köcheln lassen.

4. Für das Rucolapesto Limette heiß waschen, trockenreiben, die Schale dünn abreiben und den Saft auspressen. Chilischote waschen und mit Kernen hacken. Rucola verlesen, waschen, trockenschütteln, grobe Stiele entfernen und die Blätter fein hacken. Limettenschale, Limettensaft, Chili, Rucola, Parmesan, Mandeln und 50 Milliliter Öl fein pürieren. Mit Salz und Zucker abschmecken.

5. Bohnen in die Minestrone geben und 3 Minuten erhitzen. Das Rucolapesto dazu reichen.

Zutaten für 4 Personen

500 g Tomaten
1 Zucchini
300 g grüne Bohnen
1 Stange Porree
1 Zweig Rosmarin
1 Dose dicke weiße Bohnen
(285 g Abtropfgewicht)
2 Zwiebeln
2 Knoblauchzehen
3 EL Olivenöl
150 g tiefgekühlte Erbsen
Salz
Pfeffer, frisch gemahlen
1,2 l Gemüsebrühe (siehe Grundrezept Seite 14)
1 Biolimette
1 Chilischote
1 Bund Rucola
50 g geriebener Parmesan
30 g gehackte Mandeln
50 ml Olivenöl
1 Prise Zucker

Zubereitungszeit:
45 Minuten

ZUSÄTZLICH Dazu mundet geröstetes Knoblauchbrot. Dafür 2 gewürfelte Knoblauchzehen, 2 Teelöffel gehackten Rosmarin, Salz und 8 Esslöffel Olivenöl verrühren. 8 Scheiben Ciabatta damit bepinseln und unter dem vorgeheizten Grill unter Wenden 2 bis 3 Minuten goldbraun rösten.

KARTOFFELSUPPE
MIT GARNELEN (SCHWEDEN)

1. Kartoffeln waschen, schälen und in Würfel schneiden. Porree und Frühlingszwiebeln waschen, putzen und in feine Ringe schneiden. Zwiebel abziehen und würfeln. 20 Gramm Butter erhitzen und die Zwiebelwürfel darin andünsten. Kartoffeln dazugeben und andünsten. Mit Salz und Pfeffer würzen. Brühe zugießen und alles 15 bis 20 Minuten köcheln lassen.

2. Restliche Butter erhitzen und Porree und Frühlingszwiebeln darin etwa 5 Minuten dünsten. Mit Salz und Pfeffer würzen. Beiseite stellen.

3. Dill waschen, trockenschütteln und die Spitzen abzupfen. Mit den Garnelen mischen.

4. Für die Croûtons Brot in Würfel schneiden. Butterschmalz in einer beschichteten Pfanne erhitzen und die Brotwürfel darin rösten. Herausnehmen.

5. Kartoffeln in der Brühe mit einem Stabmixer pürieren. Sahne zugießen und noch einmal erhitzen. Mit Salz, Pfeffer und Muskatnuss abschmecken. Beiseite gestelltes Gemüse hineingeben und kurz unterrühren. Dill-Garnelen und Croûtons dazu reichen.

Zutaten für 4 Personen

750 g mehligkochende Kartoffeln
1 Stange Porree
1 Bund Frühlingszwiebeln
1 Zwiebel
40 g Butter
Salz
Pfeffer, frisch gemahlen
1 l Gemüsebrühe (siehe Grundrezept Seite 14)
1 Bund Dill
200 g Nordseekrabbenfleisch (Garnelen)
2 Scheiben Vollkornbrot
30 g Butterschmalz
200 g Sahne
Muskatnuss, frisch gerieben

Zubereitungszeit:
35 Minuten

TIPP Garnelen (Krabben) immer extra dazu reichen und nicht in der Suppe erwärmen. Sonst verlieren sie ihr Aroma und werden weich.

ALTERNATIVE Anstelle von Krabben passen in die Kartoffelsuppe auch Flusskrebsfleisch oder knusprig gebratene Speckwürfel.

SCHNELLES IRISH STEW (IRLAND)

1. Wirsing putzen und vierteln. Den Strunk keilförmig herausschneiden. Wirsing in grobe Stücke schneiden. Kartoffeln
waschen, schälen und würfeln. Zwiebeln abziehen und würfeln. Lammfleisch waschen, trockentupfen und in Stücke
schneiden.

2. Öl in einem Topf erhitzen und das Lammfleisch darin rundherum anbraten. Beiseite stellen. Zwiebelwürfel im Bratfett
glasig dünsten. Kartoffeln und Wirsing zufügen und kurz
mitdünsten.

3. Kümmel in einem Mörser fein zerstoßen. Gemüse mit Kümmel, Salz und Pfeffer würzen und mit Lammfond ablöschen.
Angebratenes Lammfleisch zufügen und zugedeckt 20 Minuten köcheln lassen.

4. Petersilie waschen, trockenschütteln, Blättchen von den
Stielen zupfen und hacken.

5. Eintopf kräftig abschmecken. Mit Petersilie bestreuen und
servieren.

Zutaten für 4 Personen

750 g Wirsing
500 g vorwiegend
festkochende Kartoffeln
2 rote Zwiebeln
500 g Lammlachse
4 EL Öl
1 TL Kümmel
Salz
Pfeffer
½ l Lammfond (Glas)
1 Bund glatte Petersilie

Zubereitungszeit:
40 Minuten

ALTERNATIVE Ganz fein schmeckt dieser Eintopf auch mit jungem Spitzkohl. Spitzkohl
benötigt nur eine kurze Garzeit. Hierfür erst Kartoffeln und Lammfleisch 10 Minuten dünsten und dann den Spitzkohl weitere 10 Minuten
mitdünsten.

KÄSESUPPE (SCHWEIZ)

1. Sellerie waschen, schälen und in kleine Würfel schneiden. Porree waschen, putzen und in Ringe schneiden. Thymian waschen, trockenschütteln und die Blättchen abzupfen.

2. Zwiebel und Knoblauch abziehen und fein würfeln. Öl erhitzen und die Zwiebel- und Knoblauchwürfel darin andünsten. Sellerie, Porree und Thymian dazugeben und kurz andünsten. Mit Salz und Pfeffer würzen. Brühe und Wein zugießen und etwa 10 Minuten köcheln lassen.

3. Für die Nuss-Croûtons Petersilie waschen, trockenschütteln und die Blättchen fein hacken. Brot würfeln und Sonnenblumenkerne hacken. Butter in einer beschichteten Pfanne erhitzen und die Brotwürfel darin anrösten. Sonnenblumenkerne dazugeben und kurz mitrösten. Herausnehmen. Die Hälfte der Petersilie untermischen.

4. Käse reiben. Suppe mit einem Stabmixer fein pürieren. Käse dazugeben und unter Rühren schmelzen. Sahne zugießen und aufkochen. Die Suppe mit Salz, Pfeffer und Muskatnuss abschmecken und mit der restlichen Petersilie bestreuen. Nuss-Croûtons dazu reichen.

Zutaten für 4 Personen

200 g Knollensellerie
1 Stange Porree
1 Zweig Thymian
1 Zwiebel
1 Knoblauchzehe
2 EL Öl
Salz
Pfeffer, frisch gemahlen
¾ l Gemüsebrühe (siehe Grundrezept Seite 14)
100 ml Weißwein
1 Bund Petersilie
4 Scheiben Weißbrot
30 g Sonnenblumenkerne
30 g Butter
200 g Comté (Käse)
200 g Sahne
Muskatnuss, frisch gerieben

Zubereitungszeit:
30 Minuten

ALTERNATIVE Anstelle von Sonnenblumenkernen passen auch Walnüsse dazu.

ROTES LINSEN DAL (INDIEN)

1. Kartoffel waschen, schälen und raspeln. Zwiebel und Knoblauch abziehen und fein würfeln.

2. Öl erhitzen und die Zwiebel- und Knoblauchwürfel darin andünsten. Linsen dazugeben und kurz andünsten. Kartoffeln zufügen und unter Rühren andünsten. Mit Kreuzkümmel und Cayennepfeffer würzen. Brühe, Kokosmilch und Orangensaft zugießen und aufkochen. Etwa 10 Minuten köcheln lassen.

3. Koriandergrün waschen, trockenschütteln und die Blättchen fein hacken. Joghurt mit der Hälfte des Koriandergrüns verrühren. Mit Salz, Pfeffer und Kreuzkümmel würzen.

4. Linsen Dal mit Salz und Pfeffer abschmecken. Mit dem restlichen Koriandergrün bestreuen. Den Joghurt dazu servieren.

TIPP **Als Beilage bieten sich knusprige Fladenbrote, Chapatis oder Papadums (siehe Zusätzlich Seite 105) an.**

Zutaten für 4 Personen

1 mehligkochende Kartoffel
1 Zwiebel
1 Knoblauchzehe
2 EL Öl
200 g rote Linsen
1 TL Kreuzkümmel (Cumin)
1–2 TL Cayennepfeffer
1 l Gemüsebrühe (siehe Grundrezept Seite 14)
1 Dose Kokosmilch (400 ml Füllmenge)
150 ml Orangensaft
1 Bund Koriandergrün
Salz
Pfeffer, frisch gemahlen
150 g Sahnejoghurt (natur)

Zubereitungszeit:
30 Minuten

MANGO-CHUTNEY

Auch ein Mango-Chutney passt gut dazu. Für 2 Gläser à 250 Gramm 350 Gramm Mangowürfel (von 2 Mangos), 120 Gramm Zwiebelwürfel, 30 Gramm Ingwerwürfel, 2 gewürfelte Knoblauchzehen, 1 gehackte Chilischote, 70 Gramm braunen Zucker, ½ Teelöffel Salz, 2 Teelöffel scharfes Currypulver, 1 Teelöffel grob gestoßene Korianderkörner und 100 Milliliter weißen Aceto balsamico in einen Topf geben. Unter Rühren 20 bis 25 Minuten köcheln lassen, bis das Chutney dickflüssig wird. Chutney kochendheiß randvoll in sterilisierte Twist-off-Gläser füllen und sofort verschließen. Das Chutney hält sich 3 bis 4 Wochen verschlossen im Kühlschrank.

KALTE UND SÜSSE SUPPEN

GURKEN-MANDEL-KALTSCHALE

1. Etwas Wasser aufkochen. Mandeln in das kochende Wasser geben und 1 bis 2 Minuten darin ziehen lassen. In einem Sieb abtropfen lassen und anschließend häuten.

2. Basilikum waschen, trockenschütteln und die Blättchen von den Stielen zupfen. Ein paar Blättchen zur Verzierung beiseite nehmen. Gurke waschen. Ein Drittel der Gurke entkernen, fein würfeln und beiseite stellen. Restliche Gurke schälen und in grobe Stücke schneiden.

3. Gehäutete Mandeln, Basilikum, Gurke, Joghurt, Essig, Salz und Pfeffer in einen Aufsatzmixer geben und pürieren. 80 Milliliter Mandelöl zufügen und kurz pürieren. Die Mischung mindestens 1 Stunde sehr kalt stellen.

4. Die Gurken-Mandel-Kaltschale mit Gurkenwürfeln und Basilikum anrichten. Mit dem restlichen Mandelöl beträufeln.

Das Bild zum Rezept befindet sich auf Seite 103.

Zutaten für 4 Personen

50 g Mandeln mit Schale
1 großes Bund Basilikum
1 Biosalatgurke
500 g griechischer Joghurt
2–3 TL Aceto bianco
Salz
Pfeffer, frisch gemahlen
100 ml Mandelöl (in gut sortierten Supermärkten oder Feinkostgeschäften)

Zubereitungszeit:
25 Minuten
(plus 1 Stunde Kühlzeit)

PIZZASTANGEN

Dazu schmecken Pizzastangen. Dafür 1 Packung Fertig-Pizzateig nach Packungsanweisung zubereiten. Auf einer bemehlten Arbeitsfläche zu einem Rechteck von 20 x 40 Zentimeter ausrollen. Teig halbieren (20 x 20 Zentimeter). Teig mit 6 Esslöffel rotem Pesto bestreichen. 6 Esslöffel geriebenen Parmesan darüber streuen. Mit der zweiten Hälfte bedecken. Teig mit einem Pizzaroller in 1 Zentimeter breite Streifen schneiden. Die Stangen mit etwas Abstand auf ein mit Backpapier belegtes Backblech legen. Im vorgeheizten Backofen bei 200 °C (Umluft 180 °C, Gas Stufe 3–4) 8 bis 10 Minuten backen.

MÖHRENKALTSCHALE

1. Möhren waschen, putzen, schälen und in Scheiben schneiden. Ingwer schälen und fein reiben. Kreuzkümmelsamen in einem Mörser zerstoßen. Limette heiß waschen, trockenreiben, die Schale abreiben und den Saft auspressen. Orangen auspressen.

2. Olivenöl erhitzen und Möhren und Ingwer darin andünsten. Kreuzkümmel und Currypulver zufügen und kurz mitdünsten. Mit Limetten und Orangensaft ablöschen. Mit der abgeriebenen Limettenschale, Salz und Cayennepfeffer würzen. Zugedeckt ca. 12 bis 15 Minuten dünsten. Beiseite ziehen und in einem kalten Wasserbad abkühlen lassen.

3. Koriandergrün waschen, trockenschütteln und die Blättchen von den Stielen zupfen. Sesam in einer Pfanne ohne Fett unter Wenden kurz rösten. Joghurt, Honig und die Hälfte vom Koriandergrün zu den Möhren geben. Die Möhrenmischung pürieren.

4. Möhrenkaltschale mit dem restlichen Koriandergrün und dem Sesam servieren.

Zutaten für 4 Personen

500 g Möhren
30 g frischer Ingwer
½ TL Kreuzkümmelsamen (Cumin)
1 Biolimette
4 Orangen
3 EL Olivenöl
1 TL Currypulver
Salz
Cayennepfeffer
1 Bund Koriandergrün
4 TL schwarzer Sesam
500 g griechischer Joghurt
1 EL Honig

Zubereitungszeit:
25 Minuten (plus Kühlzeit)

ZUSÄTZLICH Dazu schmecken knusprige Papadums sehr gut. Dies sind dünne, frittierte Fladen aus Linsen- oder Kichererbsenmehl, die meist mit Kreuzkümmel gewürzt sind. Man bekommt sie in indischen Läden oder in gut sortierten Supermärkten.

PAPRIKA-ZUCCHINI-KALTSCHALE

1. Grill im Backofen vorheizen. Ein Backblech leicht einölen. Paprikaschoten waschen, halbieren und entkernen. Die Paprikahälften auf das geölte Backblech legen und unter dem vorgeheizten Grill rösten, bis ihre Haut dunkelbraun ist und Blasen wirft. Herausnehmen, mit einem feuchten Küchentuch bedecken, etwas abkühlen und die Haut abziehen.

2. Schalotten abziehen und würfeln. Zucchini waschen, putzen und fein würfeln. Rosmarin waschen, trockenschütteln, die Nadeln von den Zweigen zupfen und hacken.

3. Olivenöl in einer Pfanne erhitzen und die Zucchiniwürfel darin 2 Minuten braten. 6 Esslöffel Zucchiniwürfel herausnehmen und beiseite stellen. Schalotten und Rosmarin in die Pfanne geben und kurz mitbraten. Mit Rotwein und Tomaten ablöschen. Mit Salz und Pfeffer würzen. Zugedeckt 10 Minuten dünsten.

4. Gemüsemischung mit einem Stabmixer pürieren. In einem kalten Wasserbad abkühlen lassen.

5. Basilikum waschen, trockenschütteln und die Blättchen grob zupfen. Mit den beiseite gelegten Zucchiniwürfeln mischen. Auf die Kaltschale geben.

Zutaten für 4 Personen

5 rote Paprikaschoten
3 Schalotten
2 kleine Zucchini
3 Zweige Rosmarin
3 EL Olivenöl
150 ml Rotwein
500 g passierte Tomaten
Salz
Chiliflocken
1 Bund Basilikum

Zubereitungszeit:
30 Minuten (plus Kühlzeit)

TOMATENSANDWICH

Dazu mundet auch ein Tomatensandwich. Dafür 200 Gramm Kirschtomaten halbieren. 8 Sandwichtoastscheiben dünn mit 40 Gramm Butter bestreichen. Auf 4 Scheiben Toast je 1 Scheibe alten Gouda legen. Tomaten und einige Blättchen Basilikum darauf verteilen und darüber nochmals 1 Scheibe Gouda. Mit den Toastscheiben bedecken. In einem Sandwichtoaster nacheinander goldbraun backen. Scheiben diagonal durchschneiden und warm servieren.

SÜSSKARTOFFEL-KRÄUTER-SUPPE

1. Süßkartoffeln waschen, schälen und würfeln. Schalotten abziehen. Fenchelsamen in einem Mörser zerstoßen.

2. Olivenöl erhitzen und die Schalotten darin glasig dünsten. Süßkartoffelwürfel und Fenchelsamen dazugeben und kurz mitdünsten. Mit Gemüsebrühe und Wermut ablöschen. Mit Salz und Pfeffer würzen. Aufkochen, die Hitzezufuhr reduzieren und die Süßkartoffeln zugedeckt ca. 20 Minuten köcheln lassen.

3. Sahne in die Suppe rühren. Die Suppe mit einem Stabmixer fein pürieren. Beiseite ziehen und in einem kalten Wasserbad abkühlen lassen.

4. Speckscheiben in einer Pfanne ohne Fett knusprig rösten. Auf Küchenpapier abtropfen lassen.

5. Kräuter waschen und trockenschütteln. Die Blättchen von den Stielen zupfen und einige beiseite stellen. Restliche Kräuter fein schneiden und unter die Suppe mischen.

6. Den krossen Speck leicht zerbröseln. Milch erhitzen und mit einem Milchschäumer sehr schaumig aufschlagen. Die Suppe mit Milchschaum, Speckstückchen und den restlichen Kräutern anrichten.

Zutaten für 4 Personen

600 g Süßkartoffeln
3 Schalotten
1–2 TL Fenchelsamen
4 EL Olivenöl
¾ l Gemüsebrühe (siehe Grundrezept Seite 14)
5 cl trockener Wermut (z. B. Noilly Prat)
Salz
Pfeffer, frisch gemahlen
250 g Sahne
100 g Pancetta (luftgetrockneter Bauchspeck aus Italien)
1 großes Bund Frankfurter Kräuter (siehe Info)
200 ml Milch

Zubereitungszeit:
30 Minuten (plus Kühlzeit)

INFO Frankfurter Kräuter sind eine Mischung aus verschiedenen Kräutern. Dazu gehören Petersilie, Schnittlauch, Kerbel, Kresse, Pimpinelle, Sauerampfer und Borretsch. Falls kein gemischtes Kräuterbund erhältlich ist, kann auch eine Mischung aus Schnittlauch, Petersilie und Kerbel verwendet werden.

AVOCADOKALTSCHALE

1. Gurke schälen. Eine Hälfte abdecken und bis zur weiteren Verarbeitung beiseite legen. Restliche Gurke grob würfeln. Frühlingszwiebeln waschen, putzen und in feine Ringe schneiden. Avocados halbieren und die Kerne entfernen. Das Fruchtfleisch mit einem Esslöffel aus den Hälften lösen und grob würfeln.

2. Koriandergrün waschen, trockenschütteln und die Blättchen von den Stielen zupfen. Die Hälfte abdecken und beiseite stellen.

3. Grobe Gurkenwürfel, Frühlingszwiebeln, Avocado, die Hälfte des Korianders, Mango-Smoothie, Joghurt und Schmand in ein hohes Gefäß füllen und mit einem Stabmixer pürieren. Mit Salz und Chilisauce würzen. Kaltschale 1 Stunde kühlen.

4. Die beiseite gelegte Gurkenhälfte in kleine Würfel schneiden. Avocadokaltschale mit Gurkenwürfeln und dem restlichen Koriander anrichten.

Zutaten für 4 Personen

1 Salatgurke
2 Frühlingszwiebeln
3 reife Avocados
1 Bund Koriandergrün
250 g Mango-Smoothie
(Fertigprodukt aus dem Kühlregal)
300 g griechischer Joghurt
250 g Schmand
Salz
5 EL süß-scharfe Chilisauce

Zubereitungszeit:
25 Minuten
(plus 1 Stunde Kühlzeit)

TIPP Dazu schmecken gehackte Wasabinüsse.

ALTERNATIVE Abwechslung bekommt man, wenn statt Koriander Thaibasilikum (Asialaden) verwendet wird.

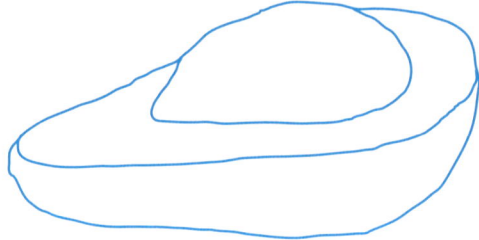

APFEL-INGWER-SUPPE

1. Ingwer schälen und fein würfeln. Vanilleschote längs aufschlitzen und das Mark herauskratzen. Zitrone heiß waschen, trockenreiben, die Schale abreiben und den Saft auspressen. Apfelsaft mit Ingwer, Vanilleschote, Vanillemark, Zitronenschale, Zitronensaft, Zimtstange, Sternanis und Zucker in einen Topf geben und langsam aufkochen.

2. Äpfel schälen, vierteln, Kerngehäuse entfernen und das Fruchtfleisch in Spalten schneiden. Zu dem Apfelsaftsud geben und 2 Minuten mitdünsten.

3. Speisestärke mit 4 Esslöffel kaltem Wasser verrühren. Unter Rühren zum Apfelsud geben und ½ Minute köcheln lassen. Suppe beiseite ziehen und in einem kalten Wasserbad abkühlen. Nach dem Abkühlen Vanilleschote, Zimtstange und Sternanis entfernen.

4. Sahne halbsteif schlagen. Vanillezucker und Zimtpulver unterrühren. Amarettini zerbröseln und mit der Sahne zur Apfel-Ingwer-Suppe servieren.

Zutaten für 4 Personen

30 g frischer Ingwer
1 Vanilleschote
1 Biozitrone
1 l klarer Apfelsaft, nach Möglichkeit frisch gepresst
1 Zimtstange
1 Sternanis
50 g brauner Zucker
3 säuerliche Äpfel
2 TL Speisestärke
200 g Sahne
1 Päckchen Vanillezucker
½ TL Zimtpulver
50 g Amarettini (Makronen aus Italien)

Zubereitungszeit:
20 Minuten (plus Kühlzeit)

ALTERNATIVE **Diese Suppe schmeckt auch mit getrockneten Cranberrys oder getrockneten hellen Sultaninen sehr gut. Diese einfach in dem Apfelsaft-Gewürz-Sud mitkochen.**

RHABARBERKALTSCHALE MIT ERDBEEREN

1. Rhabarber putzen, waschen und in 2 Zentimeter schräge Stücke schneiden. Erdbeeren waschen, putzen und in Scheiben schneiden. 1 Orange heiß waschen, trockenreiben und die Schale dünn abreiben. Alle Orangen auspressen. Chilischote waschen, längs halbieren, die Kerne entfernen und das Fruchtfleisch hacken. Ingwer schälen und fein hacken.

2. Rhabarber, Orangensaft, Orangenschale, Zucker, Chili und Ingwer in einen Topf geben. Alles aufkochen und zugedeckt 4 bis 5 Minuten kochen.

3. Erdbeeren zum Rhabarber geben und einmal aufkochen. Speisestärke mit 4 bis 5 Esslöffel kaltem Wasser verrühren. Unter Rühren zur Rhabarber-Erdbeer-Mischung geben und alles ½ Minute köcheln lassen. Die Suppe beiseite ziehen und in einem kalten Wasserbad abkühlen lassen.

4. 350 Milliliter Rhabarber-Erdbeer-Suppe abmessen. Mit Schmand und braunem Zucker pürieren. Sahne steif schlagen und unterheben. Masse in eine Eismaschine geben und ca. 30 Minuten darin gefrieren lassen.

5. Suppe in tiefe Teller oder große Glasbowls füllen und mit dem Schmandeis servieren.

Zutaten für 4 Personen

750 g roter Rhabarber
500 g Erdbeeren
6 Bioorangen
1 Chilischote
30 g Ingwer
120 g brauner Zucker
2 gehäufte TL Speisestärke
250 g Schmand
70 g brauner Zucker
250 g Sahne

Zubereitungszeit:
35 Minuten
(plus 1 Stunde Kühlzeit)

TIPP Wer keine Eismaschine besitzt, friert die Schmandmasse in einem möglichst breiten flachen Gefrierbehälter für 5 bis 6 Stunden ein. Anschließend stürzen und die gefrorene Masse in Stücke schneiden. Portionsweise in einen hohen Rührbecher geben und mit einem Stabmixer kurz pürieren, bis eine cremige Masse entsteht.

MANGO-KOKOS-SUPPE

1. Backofen vorheizen auf 180 °C, (Umluft 160 °C, Gas Stufe 2–3). Ein Backblech mit Backpapier auslegen.

2. Für den Krokant Haselnüsse grob hacken. Haferflocken, Kürbiskerne, Cranberrys, Haselnüsse, Honig und Öl in eine Rührschüssel geben und gut mischen. Masse auf das mit Backpapier belegte Backblech geben und im heißen Backofen auf der mittleren Schiene ca. 15 Minuten backen, dabei zweimal wenden. Herausnehmen und abkühlen lassen.

3. Für die Suppe Mangos schälen. Aufrecht auf ein Schneidebrett stellen und das Fruchtfleisch rechts und links vom Stein schneiden. 3 Hälften grob schneiden. Eine Hälfte würfeln und beiseite stellen. Limette heiß waschen, trockenreiben, die Schale dünn abreiben und den Saft auspressen. Grob geschnittene Mango, Mango-Smoothie, Limettenschale und Limettensaft in einen hohen Rührbecher geben und pürieren.

4. Kokosmilch, Rohrzucker und Safranfäden in einen Topf geben und langsam unter Rühren so lange erwärmen, bis der Zucker gelöst ist. Kokosmilch abkühlen lassen und zum Mangopüree geben. Nochmals sehr gut pürieren und ca. 1 Stunde kalt stellen.

5. Suppe auf Tellern anrichten. Mangowürfel und Krokant darüber verteilen. Mit Zitronenverbene verzieren und servieren.

Zutaten für 4 Personen

50 g Haselnüsse
50 g Haferflocken
50 g Kürbiskerne
30 g Cranberrys
4 EL Honig
1 EL ÖL
2 große reife Mangos
1 Biolimette
¼ l Mango-Smoothie
(Fertigprodukt aus dem Kühlregal)
1 Dose Kokosmilch (400 ml Füllmenge)
70 g Rohrzucker
12 Safranfäden
4 Stiele Zitronenverbene

Zubereitungszeit:
25 Minuten
(plus 1 Stunde Kühlzeit)

TIPP **Der Krokant schmeckt auch vorzüglich zu Joghurt und frischem Obst. Einfach die doppelte Menge dafür zubereiten und nach dem Abkühlen in gut verschließbaren Gläsern aufbewahren.**

HIMBEERKALTSCHALE

1. Orangen heiß waschen, trockenreiben, die Schale dünn abreiben und den Saft auspressen. Zitronengras waschen, die harten äußeren Blätter entfernen und das zarte Innere fein hacken. Vanilleschote längs aufschlitzen und das Mark herauskratzen. Ingwer schälen und fein würfeln. Chilischote waschen und mit Kernen fein hacken.

2. Orangensaft, Orangenschale, Vanilleschote, Vanillemark, Zitronengras, Ingwer, Chili, Kaffirlimettenblätter und Zucker in einen Topf geben und aufkochen. Die Hitzezufuhr abschalten und den Orangensud 10 Minuten ziehen lassen. Orangensud durch ein Sieb gießen und dabei mit einer Kelle ordentlich auspressen. Sud abkühlen lassen.

3. In den Sud 450 Gramm Himbeeren geben und mit einem Stabmixer pürieren. Nach Belieben durch ein Sieb streichen. Joghurt und Schmand zufügen und durch weiteres Pürieren gut untermischen. Die Himbeercreme 1 Stunde kalt stellen.

4. Himbeerkaltschale mit den restlichen Himbeeren servieren.

Zutaten für 4 Personen

5 Bioorangen
3 Stängel Zitronengras
1 Vanilleschote
30 g frischer Ingwer
1 Chilischote
5 Kaffirlimettenblätter
70 g Rohrzucker
600 g Himbeeren
250 g griechischer Joghurt
250 g Schmand

Zubereitungszeit:
25 Minuten
(plus 1 ½ Stunden Kühlzeit)

ZUSÄTZLICH **Dazu schmecken gebröselte Haferkekse. Sehr frisch schmeckt die Kaltschale auch, wenn anstelle von Joghurt und Schmand einfach Buttermilch verwendet wird.**

PFLAUMENSUPPE MIT MOHNKLÖSSEN

1. Für die Mohnklöße Zitrone heiß waschen, trockenreiben und die Schale fein abreiben, es soll 1 Teelöffel Zitronenschale sein. Milch lauwarm erwärmen. Hefe in die lauwarme Milch hineinbröseln und verrühren, bis sie sich aufgelöst hat.

2. Mehl, Mohnsamen, Zitronenschale, Salz und Zucker in einer Schüssel mischen. Hefemilch und Eigelb unter das Mehlgemisch kneten. Teig abdecken und mindestens 30 Minuten an einem warmen Ort ruhen lassen.

3. Für die Suppe Pflaumen waschen, abtropfen lassen, halbieren, Steine entfernen und die Pflaumenhälften halbieren. Ingwer schälen und fein reiben. Pflaumen mit Rotwein, Granatapfelsaft und Zucker aufkochen und bei schwacher Hitze 4 bis 5 Minuten köcheln lassen. Abkühlen lassen.

4. Reichlich Wasser aufkochen. Ein Backpapier mit Butter einfetten und damit ein großes Metallsieb auslegen. Mohnteig erneut gut verkneten und zu 8 Klößchen formen. Klöße in das mit Backpapier ausgelegte Sieb legen, dabei etwas Abstand lassen. Siebeinsatz über den Topf mit dem kochend heißen Wasser hängen. Die Klöße sollten nicht mit Wasser in Berührung kommen, sondern nur im heißen Dampf gegart werden. Deckel auflegen und die Klöße über dem heißen Wasser in ca. 15 Minuten garen. Mohnklöße zur Suppe servieren.

Zutaten für 4 Personen

1 Biozitrone
130 ml Milch
15 g frische Hefe
250 g Mehl
3 EL Mohnsamen
1 Prise Salz
40 g Zucker
1 Eigelb
600 g Pflaumen
30 g frischer Ingwer
350 ml Rotwein
350 ml Granatapfelsaft
70 g Muscovado-Zucker
(siehe Tipp Seite 123)

Zubereitungszeit:
30 Minuten
(plus 30 Minuten Ruhezeit
plus Abkühlzeit)

Das Bild zum Rezept
befindet sich auf Seite 102.

NOCH SCHNELLER Die Zubereitung der Mohnklößchen erfordert etwas Zeit. Falls es einmal schneller gehen muss, einfach Vanilleeis zur Pflaumensuppe servieren.

ALTERNATIVE Anstelle der Pflaumen können auch rote Weintrauben verwendet werden. Dafür die Trauben waschen, halbieren und entkernen oder einfach kernlose Weintrauben verwenden.

KIRSCHSUPPE MIT GRIESSKLÖSSCHEN

1. Zitronengras waschen, die harten äußeren Blätter entfernen und das zarte Innere fein hacken. Zitronengras mit Kirschen, Rohrzucker und Kirschsaft in einen Topf geben. Zum Kochen bringen und zugedeckt 3 bis 4 Minuten kochen lassen. Speisestärke mit 4 bis 5 Esslöffel kaltem Wasser verrühren. Die angerührte Speisestärke unter Rühren zur Kirschsuppe geben und die Suppe ca. 30 Sekunden köcheln lassen. Beiseite ziehen und in einem kalten Wasserbad abkühlen lassen.

2. Für die Grießklößchen Milch, Salz und Vanillezucker in einen Topf geben. Limette heiß waschen, trockenreiben, die Schale dünn abreiben und zur Milch geben. Die gewürzte Milch zum Kochen bringen. Grieß zufügen und unter Rühren 1 bis 2 Minuten aufkochen. Grießmasse in eine Schüssel füllen und Eigelb unterrühren. Masse abkühlen lassen. Anschließend nochmals verrühren.

3. Mandeln in einer beschichteten Pfanne unter Wenden goldbraun rösten.

4. Wasser mit etwas Salz zum Kochen bringen. Aus der Grießmasse mit feuchten Händen 12 kleine Grießklößchen formen und im heißen Wasser gar ziehen lassen, bis sie an die Wasseroberfläche steigen. Auf Küchenpapier abtropfen lassen und zur Kirschsuppe servieren.

Zutaten für 4 Personen

4 Stängel Zitronengras
600 g Sauerkirschen
120 g Rohrzucker
¾ l Kirschsaft
2 TL Speisestärke
¼ l Milch
1 Prise Salz
2 Päckchen Vanillezucker
1 Biolimette
80 g Grieß
1 Ei
40 g Mandelblättchen

Zubereitungszeit:
30 Minuten
(plus 45 Minuten Kühlzeit)

NOCH SCHNELLER Wenn es einmal schnell gehen soll, die Suppe ohne Grießklößchen, dafür aber mit einem Klecks Schmand und zerbröselten Amarettini servieren.

BEERENKALTSCHALE MIT KARAMELLISIERTEN WALNÜSSEN

1. Früchte putzen, nach Bedarf waschen und abtropfen lassen. Erdbeeren grob schneiden. 125 Gramm Früchtemischung zur Verzierung beiseite stellen.

2. Limette heiß waschen, trockenreiben, die Schale dünn abreiben und den Saft auspressen. Vanilleschote längs aufschlitzen und das Mark herauskratzen. Minze waschen, trockenschütteln, ein paar Stiele zur Verzierung beiseite stellen und von den restlichen Stielen die Blättchen abzupfen.

3. Früchte mit Joghurt, Ahornsirup, Vanillemark, Limettenschale, Limettensaft und Minzblättchen pürieren. Mindestens 1 Stunde kalt stellen. Inzwischen Sahne nicht ganz steif schlagen und kalt stellen.

4. Für die karamellisierten Walnüsse ein Backblech mit Backpapier auslegen. Eine Pfanne ohne Fett erhitzen und die Walnüsse darin kurz rösten. Butter und Zucker zufügen und die Nüsse unter Wenden langsam karamellisieren lassen. Nüsse auf das mit Backpapier belegte Backblech geben und auseinanderstreichen. Abkühlen lassen und anschließend grob hacken.

5. Sahne unter die Beerenkaltschale heben. Mit den beiseite gestellten Früchten, den karamellisierten Walnüssen und einigen Minzblättchen verzieren.

Zutaten für 4 Personen

600 g gemischte Früchte
(Johannisbeeren,
Himbeeren, Heidelbeeren,
Erdbeeren)
1 Biolimette
1 Vanilleschote
1 kleines Bund Minze
500 g Vollmilchjoghurt
7 EL Ahornsirup
200 g Sahne
100 g Walnüsse
15 g Butter
3 EL Zucker

Zubereitungszeit:
20 Minuten
(plus 1 Stunde Kühlzeit)

ALTERNATIVE Abwechslung bringt es, wenn anstelle von Minze Zitronenverbene verwendet wird. Diese zitronige Variante ist sehr erfrischend an heißen Sommertagen. Und: Walnüsse gegen Macadamianüsse austauschen.

SANDDORN-BIRNEN-SUPPE MIT HAFERFLOCKENKROKANT

1. Limette heiß waschen, trockenreiben, die Schale dünn abreiben und den Saft auspressen. Birnensaft, Sanddornsaft und Limettensaft zusammen aufkochen.

2. Birnen waschen, halbieren, Kerngehäuse entfernen und das Fruchtfleisch würfeln. Birnenstücke zur Suppe geben und 3 bis 4 Minuten mitkochen. 5 Esslöffel Honig einrühren.

3. Die Speisestärke mit 5 Esslöffel kaltem Wasser verrühren. Unter Rühren zur Suppe geben und ca. 30 Sekunden köcheln lassen. Die Suppe abkühlen lassen.

4. Für den Haferflockenkrokant Haselnüsse grob hacken. Mit Haferflocken, Öl und 2 Esslöffel Honig in eine Pfanne geben und unter Wenden ca. 3 Minuten rösten. Krokant auf ein Stück Backpapier verteilen und abkühlen lassen. Vom Papier abziehen und in Stücke brechen.

5. Für die Honigsahne die Sahne halb steif schlagen und 1 Esslöffel Honig unterheben.

6. Haferflockenkrokant und Honigsahne zu der kalten Suppe servieren.

Zutaten für 4 Personen

1 Biolimette
¾ l Birnensaft
¼ l Sanddornsaft
2 reife Birnen
8 EL Honig
2 TL Speisestärke
80 g Haselnüsse
80 g kernige Haferflocken
1 EL Öl
150 g Sahne

Zubereitungszeit:
30 Minuten (plus Kühlzeit)

TIPP **Die Suppe schmeckt an kalten Herbst-und Wintertagen auch heiß serviert mit Grießklößchen (Rezept siehe Kirschsuppe Seite 118) sehr gut.**

ORANGEN-GRAPEFRUIT-KALTSCHALE

1. Limette und 1 Orange heiß waschen, trockenreiben und jeweils die Schale dünn abreiben. Limette auspressen. Alle Orangen und Grapefruits dick abschälen und dabei die weiße Haut mit entfernen. Früchte filetieren und dabei den abtropfenden Saft auffangen.

2. Granatapfel quer halbieren und die Kerne herauslösen. Dazu am besten Einmalhandschuhe anziehen, da die Frucht stark färbt. Die Granatapfelhälften über eine Schüssel halten und etwas zusammendrücken. Nacheinander die Schnittflächen auf eine Handinnenfläche setzen und die Schale rundherum mit einem Esslöffel kräftig klopfen – so lösen sich die Kerne aus den weißen Trennhäuten. Kerne beiseite stellen.

3. Vanilleschote längs aufschlitzen und das Mark herauskratzen. Orangensaft, aufgefangene Limetten-, Orangen- und Grapefruitsäfte sowie Vanilleschote, Vanillemark, Sternanis, Zimtstange und Zucker in einen Topf geben. Zum Kochen bringen, die Hitzezufuhr reduzieren und den Sud bei schwacher Hitze 5 Minuten leicht köcheln lassen. Speisestärke mit 6 Esslöffel kaltem Wasser verrühren. Angerührte Speisestärke unter Rühren zum Orangen-Gewürz-Sud geben und nochmal 30 Sekunden köcheln lassen. Beiseite stellen.

4. Orangen- und Grapefruitfilets zum Gewürzsud geben. Den Orangen-Grapefruit-Sud in einem kalten Wasserbad abkühlen lassen. Suppe mit jeweils 1 Kugel Walnusseis und Granatapfelkernen servieren.

Zutaten für 4 Personen

1 Biolimette
3 Bioorangen
3 Pink Grapefruits
1 Granatapfel
1 Vanilleschote
¾ l frisch gepresster Orangensaft (selbst gepresst oder Kühlregal)
1 Sternanis
1 Zimtstange
70 g Muscovado-Zucker (siehe Tipp)
3 gestrichene TL Speisestärke
4 Kugeln Walnusseis

Zubereitungszeit:
25 Minuten (plus Kühlzeit)

TIPP Muscovado-Zucker wird aus Rohrzucker gewonnen. Er besitzt ein sehr intensives Karamell- und Melassearoma. Er ist in Eine-Welt-Läden, Bioläden, aber auch in gut sortierten Supermärkten erhältlich. Ersatzweise kann brauner Zucker verwendet werden.

HEISSES VANILLESÜPPCHEN MIT KROKANT UND KLÖSSCHEN

1. Für den Mandelkrokant Mandelblättchen in einer beschichteten Pfanne ohne Fettzugabe goldbraun rösten. Auf ein Stück Backpapier geben und verteilen. 70 Gramm Zucker in einer Pfanne bei schwacher Hitze langsam karamellisieren lassen und streifenartig über die Mandelblättchen verteilen.

2. Vanilleschoten längs aufschlitzen und das Mark herauskratzen. 40 Gramm Zucker, Vanilleschoten, Vanillemark, Milch und Sahne in einen Topf geben und aufkochen. Eier trennen. Eigelb verrühren. 4 Esslöffel heißen Vanillesud unter Rühren zum Eigelb und anschließend in den Vanillesud geben. Erhitzen, aber nicht kochen. Abdecken und beiseite stellen.

3. Für die Schneeklößchen reichlich Wasser in einem sehr großen breiten Topf zum Kochen bringen. 2 Eiweiß (restliches Eiweiß anderweitig verwenden) mit 1 Prise Salz zu Eischnee steif schlagen und dabei nach und nach 60 Gramm Zucker unterrühren. Speisestärke darüber sieben und unterheben. Aus der Masse 12 Nocken abstechen und in dem kochend heißen Wasser ca. 4 Minuten gar ziehen lassen, nicht kochen. Nocken zwischendurch einmal vorsichtig wenden.

4. Vanilleschoten aus dem Vanillesud entfernen. Vanillesud pürieren und sofort mit den Schneeklößchen und dem Mandelkrokant servieren.

Zutaten für 4 Personen

50 g Mandelblättchen
170 g Zucker
2 Vanilleschoten
800 ml Milch
200 g Sahne
4 Eier
1 Prise Salz
2 gestrichene TL Speisestärke

Zubereitungszeit:
25 Minuten

ALTERNATIVE Die Suppe schmeckt auch kalt sehr gut, etwa mit frischen Himbeeren. Statt des Mandelkrokants kann auch ein gekaufter Erdnuss-Krokant-Riegel kurz vor dem Servieren gehackt und zur Suppe serviert werden.

REZEPTREGISTER

IMPRESSUM

© 2013 by Südwest Verlag, einem Unternehmen der Verlagsgruppe Random House GmbH, 81637 München.
Die Verwertung der Texte und Bilder, auch auszugsweise, ist ohne Zustimmung des Verlags urheberrechtswidrig und strafbar. Dies gilt auch für Vervielfältigungen, Übersetzungen, Mikroverfilmung und für die Verarbeitung mit elektronischen Systemen.

Hinweis

Die Ratschläge/Informationen in diesem Buch sind von Autorin und Verlag sorgfältig erwogen und geprüft. Dennoch kann eine Garantie nicht übernommen werden. Eine Haftung der Autorin bzw. des Verlags und seiner Beauftragten für Personen-, Sach- und Vermögensschäden ist ausgeschlossen.

Bildnachweis

Foodfotos und Requisitenstyling
Maike Jessen, www.maikejessen.de
Foodstyling Diane Dittmer

Coverfoto Maike Jessen

Redaktionsleitung Susanne Kirstein
Projektleitung Dr. Margit Roth
Layout Katja Muggli
DTP, Gesamtproducing
Grafikdesign Hansen – Jan-Dirk Hansen
Redaktion Dr. Ute Paul-Prößler
Bildredaktion Tanja Nerger
Korrektorat Susanne Langer
Litho Regg Media, München
Druck und Verarbeitung
Mohn Media Mohndruck GmbH, Gütersloh

Printed in Germany

Verlagsgruppe Random House FSC® N001967

Das für dieses Buch verwendete FSC®-zertifizierte Papier *Profisilk* wird geliefert von Sappi Alfeld.

ISBN 978-3-517-08945-4
817 2635 4453 6271